貧困は
自己責任か

高沢幸男
YUKIO TAKAZAWA

IS IT YOUR FAULT
YOU'RE POOR?

フィギュール彩Ⅱ
8
figure Sai

彩流社

まえがき——幸福であることを夢見られる社会か？

私が大学に入学した1990年は、バブル景気の真っただ中でした。その時には、近い将来にはより機械化が行われ、技術革新が進み、労働生産性が高まれば、みんなに富が分配され、みんなが豊かな生活が送れると思われていました。しかし、90年代後半から経済はグルーバル化し、激しい競争が行われるようになりました。機械化が進み、労働生産性が向上した結果、それほど多くの労働者を必要としない労働環境が作られてしまいました。また、企業間の価格競争も激しく、単純労働は海外の工場で海外の労働者を低賃金で雇うことでまかなわれるようになりました。結果、日本の雇用のパイは減少し、構造的に失業者が作られ、非正規雇用も増大しました。むしろ、労働者に富は分配されず、貧困が大衆化してしまったのです。

しかし、日本に暮らしている人に、「あなたは中流階級ですか？」と聞くと、9割が中流ですと答えるのが現状だと思います。自分で自分のことを「下流」と答えるのはほんの少しで、上流と答える人はもっと少ないでしょうが、多くの人たちが自分は「中の下」であると言うとの調査結果もあります。

しかし、客観的に見れば、日本におけるワーキングプア、つまり年収200万円以下の層は、すでに18％を超えています。年収300万円以下は33％です。300万以下というと、なんとか暮らしてはいけるけれども、生活は苦しいと思います。この層は、ワーキングプアではないけれど貯金ができるほどの余裕のない層です。もちろん、300万円をまるごと生活費に使えるわけではなく、所得税や住民税を取られて、医療費も3割負担で、社会保険料や厚生年金、自営業なら国民年金、国民健康保険料もとられます。そうなってくると月25万円の収入があっても自分のために自由に使うことができる金額はわずかです。家賃を払い、食費を払い、やっと暮らしていくという感じだと思います。

昔は教育に投資することが将来の安定収入につながりました。大学さえ出ていれば、「大学卒」というキャリアパスになって、生活を安定させるための大きな武器になったので、多少借金してでも教育に投資する意味がありました。しかし、いまは20代前半の非正規率は約5割で、大学を出たからといって安定就職ができるとは限らない社会になってしまいました。むしろ、奨学金も含めて教育費を捻出するための借金をしてしまったことで、さらに生活が苦しくなっています。

私は高校の先生に向けて講演をすることがあるのですが、先生方は、自分の教え子が野宿生活者になるというリアリティはまだありません。しかし、教え子が非正規雇用の就職しかできず、経済的に安定した生活ができない例は1割2割どころではないという話をすると、とたんに非常にリアリティを持たれるようです。高校卒業時に正社員で就職できることは多いのですが、ブラック企業、パワハラ企業も多いので、3年以内の離職率は3分の1程度と高く、一度離職してしまうと安定就職に就けない若者はたくさんいるのです。

また、名目上は正社員でも、ほとんど、単に「働く期間の定めがない労働者」という意味だけです。かつてなら、一度正社員として会社に就職した場合は、基本的には終身雇用制と年功序列型賃金が約束されていたし、長期雇用が前提なので、一度入社したらさまざまなキャリア形成をして、会社に尽くしてくれる人材になってもらうというのが大前提でした。しかし今は、例えばあるアパレル会社などでは、入社一年で店長になれなければ我が社に入った意味がないというプレッシャーをかけられると聞きます。正社員雇用だからといって、長期の雇用が約束されているわけではないといいます。むしろ、あなたは非正規ではなく正社員として入社したのだから、という「やりがい搾取」で、長時間労働やサービス残業をさせるという構図の企業が増えています。リーマンショック（２００８年）から10年で、派遣労働者や個人事業主は、長時間労働のサービス残業が増えるなど、過酷な状況になりました。かえって非正規雇用、派遣社員のほうが、雇用が安定しないがゆえに、会社に対する忠誠心が強いといわれているほどです。

「構造改革」という名の下で、企業競争力を優先して、非正規雇用＝使い捨て雇用を増やしたことで、日本には安定雇用というものがほとんどなくなってしまいました。それは少子化にも大きな影響を与えています。経済的に安心できないから、結婚もできないし、教育費がとても高いので、子どもを育てるとなったときに躊躇せざるを得ないのです。たとえばフィリピンなどに代表される途上国では、戦前の日本のように、貧しいからこそ結婚し、子どもを産んで労働力を確保する、というようなところがありますが、いまの日本は、先進国家になる課程で、教育にお金がかかる経済体制にしてしまったため、賃金が上がらなくなってしまったことで、結果として教育費が大きな負担になってしまったのです。現在、単身者の労働対価の中央値は年収三五〇万円と言われています。これでは、結婚して子どもを育てるということに躊躇するのは当然ですね。

私は、神奈川県横浜市にある寿町《ことぶきちょう》という町で、30年以上、「ホームレス」と呼ばれる野宿をしている方たちの支援を続けてきました。寿町は、寄《よ》せ場《ば》と呼ばれます。寄せ場とは「人足寄せ場」ともいわれ、日雇い労働者が集まってくるところという意味です。寿町にも日雇い職安があり、かつては日雇い労働者がたくさん集まってくる場所でした。現在は約9割の人が生活保護を受けているのが現実です。複合的な困難を抱えた人たちが寄せて集まってくる場所としての寄せ場は、現在も機能していると思います。

私は、寿町をはじめとする神奈川県内の各地で生活に困っている方の相談や、「自立」支援の活動にも携わってきました。現在の困窮問題や「幸せであることを夢みること」が難しい社会を考えるのに、野宿というもっとも過酷なド貧困の状況をお伝えすることで、見えてくることが多くあります。

また私は、寿町の支援者たちと、実態調査にも関わってきました。この本では、そうしたさまざまな調査やデータも示しながら、今後私たちはどのような社会を望むのか、そのために何ができるのかを一緒に考えていけたらと思います。

――凡例――

＊文中のデータで「厚生労働省全国調査」とは、「ホームレスの実態に関する全国調査」のこと。「全国Ⅰ」＝2003年2月、「全国Ⅱ」＝2007年1月、「全国Ⅲ」＝2012年1月、「全国Ⅳ」＝2016年10月、「全国Ⅴ」＝2021年11月を指す。

＊「広義ホームレス調査」とは、ホームレス支援全国ネットワークが2011年に発表した「広義のホームレスの可視化と支援策に関する調査」を指す。この調査は、ホームレスの変化を全国的に捉えた、初めての画期的な実態調査（厚生労働省 平成22年度「セーフティネット支援対策等事業費補助金 社会福祉推進事業」）。

＊本書は、2019年2月から2020年10月にかけて行なわれた著者の講演をもとに大幅に修正・編集して作成した。したがって、一部、刊行時期からすると、過去の問題について触れている部分がある。

目次◉『貧困は自己責任か』

第5章　伴走型支援（パーソナルサポート）、よりそい支援とは　86

第6章　新型コロナ禍で何が起きているのか　107

第1章　総貧困時代がやってくる

日本の経済成長はほとんど停滞している

野宿生活者に対してどうしてもまとわりつくのが、自己責任論です。努力をせず頑張らなかった結果、仕事を失って野宿生活者になったという見方をする人たちがいまだに多いのです。ですのでこの章では、少し大きな視野から、いまの日本がどのような経済状態にあるのかということをデータを示しながら考えていきたいと思います。日本が経済大国だった時代などはとうに終わっていて、国としての成長もほとんど停滞しているという現実を改めて知っていただきたいからです。

かつての高度成長期に設計された日本企業の終身雇用、年功序列型賃金が保障されていた時代は、働いて子育てをして、定年を迎え老後に至るまでの人生設計を、ある程度は立てられる状況にありました。もちろん組織の硬直化や人件費が高くなるという問題はあったでしょうが、企業にとっても労働力の安定的な確保につながっていたし、労働者にとっては安定した収入が期待できるということは何よりも大きかったと思います。

しかし、バブルがはじけ、景気停滞が長期化したことで、リストラや早期退職が増えて、事実上終身雇用や年功序列型賃金が失われ始めてから、労働者の収入は目減りする一方です。総務省統計局が毎年出している「家計調査年報」によれば、1997年から2017年までの間に、勤労者世帯の収入は13％減となり、世帯収入300万円未満は33％、400万円未満は47％になっています。そして200万円未満の「ワーキングプア」状態の人も18％ほどいます。

年収300万円以下ということは、社会保険料や厚生年金、所得税、住民税を差し引くと、自由に使えるお金はせいぜい月20万円ぐらいで、そこから家賃や光熱費を払うと、生活はできるけれど貯金ができず、老後のための資金は貯められない、老後破たん予備軍といえます。

可処分所得（給与やボーナスなどの個人所得から税金や社会保険料などを差し引いた手取り収入）は、1998年以降、減少を続けるばかりです。

「アベノミクスで景気が盛り返した」と国は言っていますが、内閣府が毎年出している「国民経済計算」によれば、第二次安倍政権発足（2012年）後の5年間での平均実質成長はわずか1・3％しかありません。ちなみに高度成長期の成長率は平均で9・3％の伸び率ですから、正直、比べものにならない状態です。アベノミクスとオリンピックで景気対策といいますが、五輪のためにと公共事業を急ピッチで進め、民間企業もそれに倣って再開発を進めました。本来なら10年以上かけて進める公共事業をわずか数年で開発して、一時的に潤ったとしても、オリンピックが終わったら、公共事業はもうなく、民間の再開発もなくなるので、絶対にリバウンドが起こるのは間違いないでしょう。

民間企業は、オリンピックで儲けるということで、再開発投資を行います。東京近郊のターミナル駅周辺でも、ホテルやテナントビルがいっぱい建ちました。オリンピック特需で一気に回収するつもりだったのです。でもその後は、民間も投資を減らし、公共事業も先食いしてしまったので、大きな公共事業も行われず、その結果、景気が冷え込むという構図です。つまり、オリンピック景気と言いますが、単に景気の先食いをしているだけで、オリンピックが終わったら公共事業も民間の投資も止まり、深刻な不景気が待っているのです。こうしてオリンピック後に極めて深刻な不景気になることを、オリンピック・リバウンドと呼んでいます。特に公共事業発注は景気政策としても有効な意味を持っているのに、今後しばらくは何も新しいものは打てなくなるでしょう。リーマンショックの時よりも深刻な状況になるのではないかと思います。コロナ禍があったものの、事実、オリンピック終了後の日本の景気停滞は、いちじるしい状況になっています。

GDPに関しても、2018年は日本はOECD加盟36カ国の中で21位でした（1988年は2位）。いわゆる先進国の中でも上位どころか真ん中より下という状態です。アベノミクスでそれでも給料は上がったと言いますが、私の周囲には景気がいい、給料が上がったという人はいません。本当のところどうなんだろう?という印象があります。1998年以降、可処分所得は減少する一方です。1997年以前の状況に戻ることは、ほとんど考えられません。

1997年ごろから日本もグローバリゼーションの時代に入って、企業は単純労働の拠点を海外に置くようになり、その分、国内の労働者のリストラを行いました。これまで終身雇用で雇っていたので人件費が高かったですから、リストラすることで経費が削減でき、それでなんとか会社を保ってきたというのが現在の状況です。１９９９年には労働者派遣法の大改正が行われ、実質、非正規労働者をあらゆる業種に派遣できるようになりました。結果、低賃金の非正規労働者は激増しました。いわゆる新自由主義に入ったということです。新自由主義とは、「政府の財政政策による経済への介入を極力なくし、市場の自由競争によって経済の効率化と発展を実現しようとする考え方」のことです。

派遣労働者というのは、労働力が足りなくなった現場に一時的に入ってもらうための雇用形態であって、同じ仕事で持続的に働いてもらうのであれば、本来であればきちんとその会社で雇用するというのが従来の考え方でした。しかし、派遣法改正以降は、企業は労働者は必要だが、会社が責任を持って自分の会社で雇う労働者を入れなくても、いつでもクビを切ったり入れ替えたりできる非正規の派遣労働者でまわせば良いという形になってしまいました。その結果、終身雇用制から外された失業者が行き着く先として、野宿生活というもっとも過酷な形態が口を開けて待っている、という状況になったわけです。この構図は、まさにグローバリゼーションの国際経済の下で構造的に生み出されてきたものです。

排外主義・血統主義のなれの果て

このような社会状況の中では、若い人たちが結婚し子どもを持つというような未来など描けなくて当然です。少子高齢化はどんどん進み、税金の担い手も労働力も足りなくなってくる。そこで期待されているのが外国人労働者なわけですが、彼らへの権利保障はほとんどなされていません。日本は経済状況がこのように低迷しているにもかかわらず、未だに、自分たちの国は先進国で、その中でも上位に常に位置付いているという誤解にもとづく選民意識があり、それが排外主義にむすびついています。現実として外国人労働者に頼らなければ、少子化の影響で労働力は足らず、社会は維持できないところまできているのに、外国人労働者の権利保障はほとんどなされていない状況で、外国人技能実習制度も、ただ彼らの労働力を収奪するだけになっています。

少子化と言いますが、なぜ第三次ベビーブームは起きなかったのでしょうか。私は貧困問題と関係があると思っています。団塊の世代の多くは結婚して、子どもを持ち、第2次ベビーブームが起き、団塊ジュニア世代が多く生まれました。団塊ジュニア世代は別名で就職氷河期世代ともいわれ、就職時に非常に苦労し、非正規雇用にしかなれなかった人もたくさんいます。その結果、経済的に安定しないため、結婚や子どもを持つということを選ばなかった人がたくさん出ています。結果、第三次ベビーブームは起きなかったのです。

もはや「中流」は存在しない?

かつて「一億総中流」といわれた時代がありました。みんなが自分のことを、上流、つまり金持ちではないけれど、まあそこそこ中流だと思っていた時代があったのです。しかし、世帯年収300万円以下が33%をしめる状況で、みんなが中流と言えるのでしょうか。繰り返しますが、月収でいえば、単純に12カ月で割って25万円、そこから社会保険料や厚生年金、住民税や所得税やらで給料の約2割は控除され、手元に残るのは20万円ぐらいとなり、そこから家賃や水道・ガス・電気料金なども払って、一体いくら残るというのでしょう。まして18％の年収200万円以下世帯については言うまでもありません。しかしその年収200万円以下のワーキングプア世帯も、なんとなく自分たちは中流だと思っているのです。日本では、自分が下流だと思っている人は非常に少ないと思います。実際に内閣府の「国民生活に関する世論調査」（2015年）によれば、「生活の程度」が世間一般からみてどうかという質問に対し、「下」と答えた人は5・2％しかいませんでした。自分を「上」だと思っている人は1・3％しかいませんでした。

つまり、あきらかな大金持ちと言える人以外は自分は上流と思っていないし、本当に生活破綻をしてしまっているぐらい苦しい人しか自分のことを下流だと思っていなくて、そのほかの多くの人たちは、自分のことを中流だと思っているのです。しかし、年収300万円以下世帯が33％、年収400万円以下の世帯が47％であるということは、いまの日本の半数の世帯は、実質は余裕のない世帯というこことになります。終身雇用も当てにならない、非正規雇用で生活が安定していない、貯金もできない、1年後に仕事があるかどうかもわからないような状況に追いやられている人たちでも、自分は中流だ、中の下ぐらいだと思っているのです。

このような「総中流」幻想は、結果的に為政者を利することになります。中流だと思っている人たちは、本当に追い詰められて生活に困窮している人たちに対しては「自己責任」だといいます。そして、為政者が、本当の上流からは、本来だったら税金をいっぱい取ってきちんと分配すれば良いのにそうはせず、むしろ消費税を上げて、余裕のない人たちからさらに搾り取ろうとすることを容認してしまいます。生活必需品に税金をかけるというのは、逆進性が働き、生活困窮者がより苦しくなります。

大卒がキャリアパスにつながらない

このままこの状態が続けば、いまかろうじてまだ続いている大卒一括採用も崩れていくのではないかと思います。もう実際にくずれ始めています。そもそも、大卒一括採用というのは、終身雇用制の枠があってこそ意味があるもので、大卒の新人を入れて、長期のキャリアパスを想定して育てていくというのが伝統的な正規採用の構造だったわけです。しかし、企業が今後、1、2割の有能なエリートだけを正社員にして、ほかは非正規労働者でまかなうというのであれば、優秀な人を青田買いしていくしかありません。

現在のインターン制度なども、いまでは就職活動のツール、実質、青田買いの変形ツールになっています。かつての大卒一括採用システムで、まだ何もできない状態から新人を育てていくのではなく、インターンである程度能力を把握して仕事のスキルも仕込んで、その後即戦力で使える人のみを雇うという形になり始めています。かつては、どうあれひとまず大卒という学歴があれば、一括採用で就職ができるということで、多少無理をしてでも大学を出ることが貧困の連鎖を断ち切るための重要な手段でした。しかし今後は、大卒がキャリアパスにつながる保証はなくなっていくように思います。

伝統的な正社員は、終身雇用制というか、長期雇用が前提で、長く働いていくことでキャリアの成果ややりがいも含めた持続的な仕事の成果が出せるということがあって、そこに年功序列型賃金があったから、将来に対するある程度の収入の保証も期待できました。しかしその形はどんどん少なくなっています。会社からみて「優秀な人」だけに高い給料を与えるという成果主義になりつつあります。これでは一部の人しか高収入になれず、多くの人は収入が安定しません。格差は広がるばかりです。究極の自己責任社会、座れる椅子がない椅子取りゲームに参加して、負けても自己責任と切り捨てられる。恐ろしいことが起ころうとしているんだということを、みんなが把握しておく必要があると思います。

消費増税は中小企業を直撃する

格差と貧困が急激に広がる中で取るべき政策については、さまざまな議論があります。私自身は、税金の直間比率を見直して、間接税の消費税ではなく、直接税の所得税の比率を上げて、高所得者から累進課税でたくさん課税する形で直接税を増やすべきだと考えます。要は所得税を増税して、たくさん稼ぐ人はたくさん税金を払い、少ししか稼げない人は、減税をする。極端なことを言えば、物品税を復活させて高額商品には課税し、生活必需品への課税はなくす、もっといえば逆進性の高い消費税など無くしてしまえば良いと思っています。これだけの格差があって、貧困も広がっているのに、生存に関わる食品にすら税金がかかっているというのはおかしな話だと思います。企業なら経営者が節税の名のもとにさまざまな税金対策を行えます。直接税は工夫次第で減らすことはできるわけですから。消費税のような間接税に関しては、庶民は生活に必要なものしか買わないけれど、税金がかかるという状況です。やはり消費税増税はあきらかに消費を冷え込ませていると思います。庶民だけではなく、中小企業にとっても大きな負担になっていると思います。生活にとって必要なものさえ買い控えしないといけないというのは、社会にとっても良いことではありません。

総貧困時代がやってくる

また、もっともケアされなければならないと思うのは家族です。子どもの貧困の問題は、近年だいぶ着目されるようになってきていますが、子どもの貧困というのはつまりは世帯の貧困であり、親の所得格差の問題です。親世代の貧困が子どもたちに連鎖しているということです。ですから「子ども」対策というよりは、世帯の貧困に対してきちんと取り組まねばならないですし、政策も打っていかなければいけません。貧困で家庭が荒れて、子どもに虐待をしているような家なのに、子ども対策といって学習支援や子ども食堂だけやったからといって、一面的な支援にしかなりません。家庭内に居場所がない子どもたち、安心・安全な居場所のない子どもたちをケアするということは、その親たちもケアしなければならないということです。もちろん、緊急時は親子を分離するという方法もあるでしょうが、親たちもケアが必要ということは把握しておくべきです。

貧困の連鎖といいますが、富の連載のほうが容易です。正規雇用の椅子の数は限られていますが、富裕層がその椅子に座りやすくなっています。なぜなら、富を持っているほうが教育費をかけられ、学歴を得やすいですから。結果的に貧困層は固定化され、連鎖してしまいます。

また、80代の親が50代の子ども世代を養うという、いわゆる「八〇《はちまる》・五〇《ごーまる》」の問題も、きちんと考えていかなければならないことだと思います。このような状況の背景には、高度成長期時代に構築された社会保障制度が大きく影響しています。戦後民主主義の誕生の課程で、民法も改正し、国民皆年金、国民皆保険制度が生まれました。旧生活保護法も改定されました。そのころから働き始めて年金を払ってきたいまの80～90代は、この制度の恩恵を十分に受けている世代です。つまり、比較的高い年金が受け取れている世代です。

しかしその子どもたちの世代、いまの50代はもはやその恩恵にはあずかれないし、その世代が80歳になったときには年金で子どもを養うことはできなくなっているでしょう。「八〇・五〇」問題は、50代の引きこもり問題として語られることが多いのですが、実はこのような社会構造の問題も大きく影響していると思います。これから働くことに自信のない人たちというのはよりたくさん生み出され、中高年引きこもり問題も顕在化していくと思います。いまはまだ総中流神話が続いていて、下流、つまり生活困窮はごく一部の人たちの問題だと思われていますが、あと30年後にいまの50代が80代になるころは、「総貧困」時代が来るのではないかと私は考えています。低賃金で貯金ができず、老後資金を貯められず、年金が当てにならないという世代です。私たちが80代になったとき、年金だけで暮らしていけるような生活など、とてもイメージできません。

かつては、貧しい家であっても、子どもが多くいればその子たちが稼いでみんなで親の老後の世話をすることもできました。しかしいまは、子どもたちは非正規労働に苦しんでいるし、子どもが数人いればそのうちひとりは引きこもり状態になっているということも起こりうる状況です。結局、引きこもり問題というのも、裏を返せば、その親世代が、子どもが引きこもれるだけの所得や家があるということでもあります。狭いワンルームの家では、子どもは引きこもりたくても引きこもれませんから。

親世代に余裕がなくて子どもの面倒が見られなければ、子どもは家を出るしかないし、自力で働くしかないでしょう。これが昔なら飯場《はんば》に、現在なら住み込み型派遣で働くとなります。それでリーマンショックで会社をクビになったとしても、家にいられないから出てきたので、戻る家はありません。そういう人たちが、年越し派遣村（2008年暮れから2009年の年末年始）に集まったのです。

野宿生活者支援をしていると、親と一緒に相談にやってくる例もあります。引きこもりの子どもが50歳になって、親も年を取ってこれ以上は面倒が見られないという例もあるし、50代くらいの親が、20代の子どもを連れて、子どもが仕事が続かないので生活保護を受けさせたいが、どうしたらいいか相談に来る例もあります。一緒に住むことが難しい場合は、簡易宿泊所などを利用して、世帯を別々にして生活保護を受けてもらっています。

貧しくなくても、元農水事務次官が引きこもりの40代の息子を殺害した事件などもありました。官僚のトップになるような人ですら、社会的支援につながれなかったということに驚きます。八〇・

五〇問題も含めて、家族支援、世帯支援については、社会制度としてきちんと対応していくべきでしょう。

かといって、現在の高齢者の給付を急激に減らすということも現実的には難しいことです。いまの80代の年金をいきなり3割カットしたら、多くの世帯が破綻してしまいます。かといって50代の非正規雇用世代に対する安定した雇用につながる就労支援はほとんどありません。具体的な制度も政策もないし、働けとは言うけれど、きちんと持続可能で自己実現につながるような就労は再就職組にはほとんど与えられないのが現実です。

非正規雇用や低賃金が当たり前の社会になりつつあるいま、総貧困時代はもうすぐそこまで来ています。50代の親世代は20代の子どもたちと共倒れになるような「五〇・二〇」問題もすでに現実になってきています。公的扶助を活用してでも、世帯を分けて、20代に生活保護を受けさせてでも、50世代のお金がこれ以上流出しないようにしないと、その先の老後までの生活を維持することはとても不可能です。子どもたち世代だけではなく、親の世代もきちんと社会制度でケアしていかないと、本当に共倒れになってしまう。相当厳しい状況が現実になろうとしています。

就労支援以外の自己実現の道も考えていかなければいけません。そのまま非正規労働者として食いつないで、65歳になったら高齢者福祉で対応するといっても、現実的に老後破たんは増加しているので、社会保障もかなり高齢者に偏ってしまっているのが現実です。非正規雇用で長く働いてきた人は、みんな生活保護となると、いよいよ総貧困化時代です。総貧困時代の、とくに高齢者のケアスキームを真剣に考えていく必要があるということは、指摘しておきたいと思います。

第2章　孤立と貧困の連鎖

失われる三つの縁

　1990年代後半の新自由主義・グローバリゼーション以前の日本の資本主義は、いわゆる「父性」と「母性」の性格を併せ持っていました。資本主義という苛烈な競争社会の中で、「社畜」と言われるような企業への絶対的服従を求められ、がむしゃらに働くことで報酬を得ることができる。これが「父性」です。一方で、競争からこぼれ落ちながらもなんとか会社に所属していた人も、年功序列型賃金、終身雇用制というような制度で生活を保障させてきた。これが「母性」です。日本の資本主義は、このような二面性を持っていました。また、社宅制度や福利厚生制度も含めて、社会保障の一部を企業が肩代わりしていたのです。この、父性的・母性的側面に加えて、地縁と血縁に並ぶ縁として「社縁」という人間関係もつながっていたため、社会的孤立が防止されていた面がありました。

　地方の貧困家庭に生まれ、「金の卵」と呼ばれて上京したかつての若者たちは、ふるさとを捨てて、地縁と血縁を絶って大都市圏の労働者となりました。それでも、働く場所で得た「社縁」があれば、まだ孤立は防げていたのですが、リーマンショック以降の派遣切りのように仕事と住まいを同時に失い、地縁も血縁もないところで会社からも解雇され、社縁まで失ってしまうことで、社会的孤立はより深まってしまう。逆に言えば、資本主義社会がかつて持っていた終身雇用制においては、ひとまず好き嫌いは置いても、一緒に働く仲間として顔を突き合わせている以上、長く付き合わなければいけないという形がありました。そのことがある種の社会的孤立を防止してきた側面はあったのに、グローバリゼーション以降の日本社会では、非正規雇用で短期間で職場を変わる労働が増えてきているため、これらの「三つの縁」ともなくなってしまったのです。

私がふだん相談を受けている横浜・寿町で日雇い労働者を長くしてきた人たちは、もともと企業的福利厚生からも除外され、社会保障も受けにくい状態におかれていました。日雇いでなくても、重層的下請け構造の町工場で働いている人たちで、社会保障も何もない環境で働いている人たちは多く存在してきました。血縁も地縁も、社縁もない中で働いてきた人たちです。彼らはこのような競争型の資本主義社会では何の恩恵も受けられませんでした。使い捨てにされ、働けなくなったら野垂れ死にを強いる、極めて排他的、暴力的な社会で日々を生きています。うわべだけ差別はだめだ、暴力はだめだなどと言われますが、「この寄せ場で何人の人間が殺されてきたと思ってるんだ。やられたら、やり返すしかないんだ。だから、暴力は必要なんだよ！」と泣きながら訴えた寿の日雇い労働者の活動家もいました。こういう言葉が引き出されてくるというのは極めて必然のことで、言葉だけをあげつらって暴力の善し悪しをいう人もいるのですが、背景を考えれば、それはちょっと違うだろうと思います。なので、越冬闘争の寄せ場の統一スローガンは「黙って野垂れ死ぬな!生きて奴らにやり返せ!」です。黙ったまま「ないもの」にされないために、生き抜いて、社会を変えていくことを「やり返せ」と呼んだのです。

グローバリゼーション以降、日本企業の多くが安い労働力を求めて海外に工場を移転させたため、結果的に国内の雇用のパイは海外に流出したため減少し、失業者が激増しました。誰かが失業しなければいけない社会になってしまったのです。そんな状況の中では、当然、労働条件もどんどん切り下げられていきます。安倍政権下では、「企業が活躍しやすい社会」などと言っていましたが、「企業が安く労働者を使える社会」でもあったので、労働者には還元されませんでした。アベノミクスによる好景気と政府は言ってきましたが、高度成長期のような経済発展もしていなければ、バブル期のように金が社会に回っている実感もない。労働者側からみたら搾取だけされて恩恵は受けられていない状態が長く続いています。バブル経済が破たんし、就職氷河期になった1990年代中頃からの10年を「失われた10年」「ロストジェネレーション」とよく言いますが、現在も景気回復実感がないことを考えると、失われたのは「30年」ではなかったのかと言えるでしょう。

非正規雇用の主力は「日雇い」から「派遣」へ

このような社会になってしまうと、企業的福利厚生から一番に排除されるのは、下層労働者と言われる、日雇い労働者をはじめとする非正規雇用の人たちです。前にも述べたようにグローバリゼーション以前から使い捨てにされてきたような人たちですが、切り捨てられて、ひどい場合は野垂れ死ぬしかない。そのような状況を見て社会は、「しっかりまじめに働いていないと、あんなふうになってしまうよ」と、自己責任であるかのように語ってきました。

そもそも、なぜ終身雇用制が崩壊したのか。国際競争力を維持するために、人件費をカットしたからです。1999年の派遣法改定によって派遣労働が原則自由化し、労働者を安く使えるようになり、首切りも容易にできるようになりました。終身雇用制があった時代は、生涯賃金が見込めたので、このくらい消費しても次にこのくらい稼げるから暮らしていけるというように、労働者は自分の人生のビジョンが持ちやすかったのです。それはお金が循環するので、社会や経済の安定にもつながっていました。それを終わりにしたのは、このようなグローバリゼーションによる雇用構造の変化です。

よく、バブル崩壊によって好景気が終わったので失業が常態化したという人がいますが、それだけではないでしょう。景気変動のある資本主義経済では、不況になったら当然景気対策を行いますが、日本の景気対策は、道路を作ったりビルを建てたりすることに税金をどんどん使う、いわゆる土建屋行政と言われます。それで景気を刺激してきたのです。しかしそれではもう景気そのものは回復しなくなりました。そこで1997年、橋本龍太郎首相（1996~98年）の緊縮財政下で消費税も3%から5%に増税、1999年以降は派遣法改正以降、実質的に派遣雇用が自由化され、さらには2014年の改正以降は、1999年以降、臨時的労働であるはずの派遣が、人を入れ替えれば永続的に派遣労働者を活用することが可能になりました。現在では、非正規雇用の主力は「日雇い」から「派遣」へと完全に移行しました。労働者の約4割が非正規雇用で、20代に限っていえば5割が非正規雇用という時代になっています。これは若者が正規雇用につくのが難しいということを物語っています。

さらに、グローバリゼーションの中で、企業は海外により安い労働力を求めていくようになります。そうしなければ国際競争の中で生き残っていけないからです。その結果、社縁も地縁も切り取られ、企業で働いても持続的な人間関係も作れないような状況になっています。まさに「寄せ場」化したものが、派遣会社という形で全国各地のオフィスビルに生まれています。

かつてはそういった「寄せ場」に「にいちゃん、仕事あるよ」とワゴン車でやってくる人（手配師といいます）は労働者風の男だったけれど、いまでは背広を着た人たちが労働者を派遣していて、行った先には低賃金労働が待っている、というわけです。かつては、たとえば、小さな町の電気屋さんに雇用され働くことができたなら、そこの店長や近隣の人たちと親しくなって人間関係が結べたけれど、大きな会社に派遣されただけでは、そこで持続的な人間関係はなかなか作れない。そもそも雇用が一定期間安定して続くかもわからない。そんな中で、経済的貧困だけではなく人間関係の貧困化も進んでしまうのです。

そして生活保護引き下げへ

政府は、第2次アベノミクスによって景気が回復したというメッセージを繰り返し出していましたが、日常的な会話の中で聞かれるのは、少なくともその「恩恵」を庶民は感じていないし、むしろ、以前と比べて本当に生活水準を引き下げざるを得なくなったという声がほとんどです。景気が良く、社会にお金が回っているなら、最低限必要なお金、例えば生活保護の最低生活費は上がっていくはずです。しかし、２０１３年以降、生活保護費の引き下げが続いています。生活保護の金額というのは社会保障審議会内に基準改定部会というのが設置され、決められています。まず２０１３年度の基準改定で生活保護費のうち食費や水光熱費などに充当する生活扶助費の最大10％の減額を３年かけて行うことを決めました。その後、２０１５年には家賃に充当する住宅扶助費の減額改定を行いました。また、２０１８年に再度生活扶助費を最大５％を３年かけて減らすことを決めました。国の説明として一般の低所得世帯の消費支出が下がったことに合わせて生活保護も下げるという決定です。

生活保護の基準は、厚生労働省の社会保障審議会の基準改定部会で5年に一度見直すことになっています。もちろん、物価は毎年変わりますから、微調整は毎年行われているのですが、基本的には5年に一度見直しされます。

もともと生活保護で保障することになっている最低生活保障とは、標準的な世帯の年収の6割を保障するとされており、これが最低限度の文化的な生活を保障することだと考えられていました。しかし、２０１３年の基準改定の際に、生活保護を受けていない、一般世帯の年収下位10％の人と対比して生活保護を決めるべきだということになり、生活保護の減額が行われました。この年から２０１５年にかけて、生活扶助費は最大で10％減額され、２０１５年7月からは、住宅扶助費も減額改定されました。このようなやり方ではどうしても額が少なくなってしまいます。生活保護を受けていない世帯は病気をした時には医療費を自己負担しなくてはならないので、どうしてもその分は貯めておく必要があるので、お金があっても使えない。そうしないと、病気をした時が不安なので、それに備えてお金をためておかなければならないのです。このようにして、生活保護ではない世帯はどうしてもお金を使えない部分があるので、比べると消費額が少なくなるわけです。この辺に関する配慮はないまま基準改定が行われました。

また、生活保護を受けていない世帯は病気などで仕事に行けなくなった時に、収入の保障がないという点にも着目しなくてはなりません。だから、お金を使えないのです。それでも医療費はかかる状況なので、将来の生活への不安に備えて、貯蓄をしておかなければいけないからです。そうしなければ、将来、老後破綻してしまうと考えるからです。そういう人たちが不安でお金を使わないからといって、困窮者に対する生活保護費も少なくて良い、と政府が判断したということです。このような状況から政府がいくら「アベノミクスは好景気を生み出した」といっても、下位10％の人たちや困窮者には、何の恩恵も与えない経済体制だったということです。

紙幣をどんどん刷って、外貨を導入して株価を上げることで好景気を演出しているわけですから、景気が良いなら、当然最低限度の生活も保障される部分は増額されるはずで、少しくらい無理してでも生活保護費もむしろ上げるべきだったと思います。年収下位10％の人たちも安心してお金を使えるようになれば、いろんなところにお金が回っていくでしょう。しかし実際には、困窮者はより貧困になっているし、「好景気」を享受できる層との間にさらなる格差が広がっただけにすぎません。

生活保護費は、２０１３年から２０１５年にかけて生活扶助費を減らされ、２０15年には住宅扶助費を減らされ、それから２０１８年から3年かけてさらに最大５％の減額で、トータルで２０１２年比で最大約15％の生活扶助費を削りました。これは相当なマイナスです。生活困窮者は、よりお金が使えない状況になっていく。結果、困窮者は生きるために最低限必要なものがどんどん切り下げられることになります。自分が生きるために必要な最低生活費を削られると、生きるための権利もどんどん削られると感じるようになって、自己肯定感もどんどん削られていくことになります。実際、高齢者は香典などがつつめないので、友人の葬式にも行けないという人もいます。

また、住宅扶助の減額によって住まいを変えることを余儀なくされる人たちがいます。より安いところに住むというのはどういうことかというと、駅から遠くなるということで、徒歩圏ではなくなりバスを使わなくてはならないところに住むということです。これによって社会的孤立はさらに促進されてしまうのです。また経済的に自立しろといわれても、就労活動をしようにも駅から遠いところに住んでいたら通勤にも時間がかかるし、体力がない人ならば8時間労働をするのも難しい。8時間労働のために片道1時間半かけて仕事場に通わなくてはならなくなるからです。交通費も出ない派遣社員なら、さらに大きな負担でしかありません。

アベノミクスは好景気を生んでおらず、格差を広げただけで、困窮者には一切の恩恵を与えなかったと言い切って良いと思います。リーマンショックで生活保護者の数が急増したので、社会保障予算を増やさないためには、一人一人の分配を減らすという形をとったと言えるでしょう。アベノミクスは競争社会の中で企業が生き残るために、労働者の賃金を安くしてしまいました。人間は一生健康で働けるわけではないし、これでは老後資金が貯められず働けなくなった途端に老後破綻になる人がたくさん生み出されるのは、目にみえています。

貧困の連鎖を止めるには

2022年現在、生活保護を受けている世帯を見ると、単身高齢者が最も多く、過半数を超えています。2011年にまとめられたデータ（「広義ホームレス調査」）では、過去に2回以上生活保護を受給したことがある人は約25～34％にのぼります。ネットカフェ難民などを含む広義のホームレス状態の人たちのうち、35歳未満の中卒率（高校中退も含む）は約4割（38・8％）です。路上生活を経験していない住宅喪失者（住居や社宅、寮などをふくめた従前住居を失ったり転々としていた、ホテルや簡易宿泊所、ネットカフェ、飯場、他支援団体の居住場所、医療施設、刑務所等などで居住していた）は36・4％にのぼります。

親世代の貧困によって子ども世代も貧困になる――このような貧困の連鎖を抜け出すためには、ある種のロールモデルを示すことがとても重要です。どのようなところに支援を求め、どのような手続きをし、どのように動けばなんとか自活することができるのか。そのようなロールモデルがなければ、どうすればいまの状況を変えられるか、成功体験の蓄積がないので自己肯定感が低く、幸せであることをイメージできないので、なかなか頑張ることはむずかしいと思います。

　貧困の連鎖対策として、学習支援をしっかり強化して進学をさせれば事態は改善するという動きはありますし、給付型奨学金の創設などの動きもあります。それ自身はとっても必要なものだと思います。しかし根本的な問題として、みんなが大学を出られるようにしたら良いのかということは考えなくてはなりません。「頑張ったものが報われる社会を」とよく言いますが、この頑張ったものというのは今の資本主義にとって都合のいい、「頑張ったもの」に過ぎません。奨学金を受けて、大学を卒業し、資格などを取って、安定就職するというイメージだと思います。しかし、20代の非正規雇用率が約5割という状況の中、大卒者のほうが安定した雇用に就職しやすい一面はあるとはいえ、生活困窮に陥った人たちの多くが、初職だけは正社員で、その後非正規雇用になったという人がとても多くいます。大学を卒業しても、必ずしも安定職につけるとはいえません。奨学金という借金を抱えて社会に出ても、生活が安定しない人もいます。

　学習支援ということでいうと、寿町では、教育から排除されてきた人たちに文字を教える識字学校の取り組みがありました。文字を知ることは、自分の権利を知ることになります。きちんと文字を書けるようになれば、銀行口座も作れるし、日雇いではない仕事もできるようになる。文字を書けるようになったから、婚姻届を出すことができるようになり、自分は結婚してもいいんだと思えるようになった、と言う人もいます。学習をすることによって、その人が自分自身を肯定し、自分の権利に目覚めるような、そのような支援をしていかなければ意味がないと思います。社会的困窮ではあるけれども社会的なつながりがちゃんとあると、貧困ではあっても困窮の状況ではない人たちもいます。

逆に聞きたいと思いますが、憲法13条では幸福追求権が規定されていますが、生活困窮に陥っている若者は人生の成功体験に乏しく、目標とするような大人にも出会えてないので、努力しようにもそもそも目標設定ができません。むしろ、模範的に暮らせない人たちのほうが周囲に多いので、たとえば、朝食をちゃんと食べる習慣のない人は自分の子どもにも食べさせないし、親が歯磨きをしなければ子どもも歯磨きを覚えない。そのようなところからきちんとケアをする形をとらなければ、ただ「しっかりやりなさい」と言われても、何も具体的にやることができないのです。幸せな状況を夢見ることができなければ頑張れないし、それに向けた努力もできないという構図になっています。

正しさをつきつけないで

いまの社会は、誰かが必ず椅子取りゲームではじかれて、無権利状態にならないと維持できない状態です。野宿生活者に対して、頑張って社会復帰しろと言うことは、自分たちを追い出した社会にまた戻れと彼らに言っていることになる、ということの意味と実態をよく見て考える必要があるでしょう。彼らを追い出すような社会を作っていながら彼らに自己責任だと責めてきた自分たちを反省し、はじき出された人たちがきちんと安心して戻ってこられる社会を作らない限り、いまのこの理不尽な社会構造を変えることはできません。

生活困窮者を支援するということは、複合的な困難に向き合う人たちを支えるということであり、ある意味では一般的な、社会的な規範や価値観とは無縁な世界でもあります。たとえば、困窮者が困窮ゆえに万引きをしたとします。それはたしかに犯罪でしょう。けれども、それは生き抜くためには必要だったのではないか。ご飯が食べれないという問題をきちんとケアしなければ、また同じことを繰り返すかもしれない。「模範的に生きる」という価値観は、常に為政者側から語られる言葉です。私たちはもっとも困窮した人たちの側の目線で社会を見直さなければならないと思います。

万引きをする人間をかばうのかと、批判されることもあります。困窮していても万引きしない人もいます。その人たちの中には、困窮ゆえに万引きをする人たちに怒りが向くこともあります。困窮者ゆえにより弱いところをたたこうとするのです。苦しくて苦しくて、そんな社会に仕返しをしたくて、車椅子の障害者からひったくりをした人もいました。彼らがそんなことまでしてしまう背景に貧困があるのであれば、その問題に向き合わなければ何も変えることはできないと思うのです。

経済的貧困はたしかに辛いものだけれども、それ以上に人間関係、社会的つながりの貧困、誰ともつながれないという孤立は、その人の生きる力や尊厳を奪います。人間、やる気や努力だけでは、頑張れません。野宿生活者に、もっとやる気を出して頑張って働けというのは、車椅子を使っている足の不自由な人に、やる気があれば歩けるだろうと言っているのと同じことです。やる気だけではどうしようもないことも多々あります。生きる力を正当に評価される社会でないと頑張れない気がします。生活困窮者は貧困かもしれませんが、困難の中を生きてきた人たちであり、むしろ生き抜く力をもった人でもある、ということを前提に向き合ったほうがいいと思います。

学校でいじめにあって行き場がなく、将来に夢も希望も持てない子どもたちが、将来自分はどうなるのか、また落ちこぼれて生活困窮者になるのか、そのような不安の中で、ストレスをより弱い者にぶつけるような例も多く起こっています。

私の知合いのある野宿生活者の男性は、一度、投石などの襲撃をした中学生の子どもを捕まえたことがあると話をしてくれました。その子は中学2年生で地元の「ツッパリ」グループに入っていました。ある日、そのグループの子どもたちが自転車でやってきて、河川敷で暮らしているその男性たちに石を投げたのだそうです。その男の子は、石を投げて仲間が逃げていったあとにとりのこされてしまい、「コラー!」と怒って子どもたちを追いかけてきたその男性に捕まってしまいました。でも、捕まえて話を聞いてみると、結局その子の家は母子家庭で、お母さんは生活のために夜の仕事をしていて自分のことにかまってくれず、寂しくなってつっぱりグループに入ってしまった。ある日みんなが「行くぞー!」と言って走り出したのでついていくと、河川敷に着き「それーっ!」と石を投げ出した。よくわからずぼーっとしていたら、おっちゃんに捕まってしまった——。そんな話をきいて、思うことがあったのでしょう、その野宿生活者の男性はこんな対応をしました。

「だからよぉ、仕方ねえから、その子にインスタントラーメンを作って食わせて、帰してやったよ」

アルミ缶を集めて、食うや食わずで暮らしているようなおっちゃんが、こんなふうに子どもに接してくれました。

一番しんどいところにいる人だからこそ、誰もが抱えている辛さや孤独がわかることがある。そういった関係を、もっと社会に広げていかないと、温もりのある社会は実現できないと思います。「模範的」な価値観で、子どもが不良にならないように、深夜に子どもを外出させないよう、家庭への指導をきちんとするといっても、母子家庭で自分の子どもを頑張って育てるために、割のいい夜の仕事をしなければならない人もいます。そこに目を向けず、模範的、競争的な価値観でばかりで人を見ていては、勝てないものは死ぬか這い上がるしかなくなるし、頑張れない人はしんどいままで取り残されていく――。模範的でなくても、頑張れなくても、誰もが生きていける温もりのある社会を作ること。野宿生活者支援の現場から、そのことは社会に突きつけ続けていかねばならない課題だと思っています。

＊参考ウェブサイト

・生活困窮者自立支援制度について（厚生労働省）
https://www.mhlw.go.jp/file/06-Seisakujouhou-12000000-Shakaiengokyoku-Shakai/2707seikatukonnkyuushajiritsusiennseidonituite.pdf

・ホームレス状況の広範化と脱ホームレス支援の実績とその評価
https://www.npokama.org/PDF/jiritsu_kougi.pdf

第3章　野宿生活者を生み出す背景

野宿生活者とは誰か

「野宿生活者（ホームレス）」といったとき、多くの人が持つイメージはどんなものでしょう。「汚い」「くさい」そして「だらしない」、それゆえに「得体のしれない」存在として、あまり近づきたくない対象として彼らを見ている人が多いのではないでしょうか。

野宿生活者はなかなか理解されにくく、なまけ者でだらしないがゆえに路上生活をしているんだ、それは自己責任だというイメージが、あたかも正しいことのように広まってしまっています。

実際には、どういう人が野宿をしているのでしょうか。

まず法律上の「野宿生活者」の定義を見てみましょう。「ホームレスの自立の支援等に関する特別措置法」第二条（定義）では、「ホームレス」とは、「都市公園、河川、道路、駅舎その他の施設を故なく起居の場とし、日常生活を営んでいる者をいう」とあります。つまりホームレスとは、「家がない」という「状態」のこと。逆にいえばこういう「人」がホームレスであるという定義はなくて、家がないという状態をホームレスと規定しているということです。誰でも、家を失うような状態になったら「ホームレス」と呼ばれる立場になるわけです。弁護士のように国家試験に合格して弁護士になるということではなく、誰でもそのような状態になったらホームレスになる。つまり、ホームレスとは、不安定居住という生活困窮者の一形態なのです。

具体的に例を出してみましょう。ある人が夜に帰る家がなく、路上で寝ていると、この状態は「野宿生活者」と呼ばれます。朝になり、その人はひとまず仕事を探します。すると「日払いの仕事があるから今日来てもいいよ」と言われて働きにいきます。その時点でその人は「スポット派遣労働者」とカテゴライズされます。「スポット派遣」というのは禁止されましたが、今でも即給制度を利用した日払いに準じた派遣はたくさんあるといわれています。家がないほどお金がない人であれば、当然、日払いでお金をもらったら、まずごはんを食べにいきます。その人がファミレスでごはんを食べて、そのままそこで夜を明かせば「ファミレス難民」、今日はネットカフェに泊まろうということになれば「ネットカフェ難民」と呼ばれます。要するに、ホームレス、ネットカフェ難民、スポット派遣労働者は、どれも、生活に困った、安定した職や住居のない生活困窮者のことを表す言葉であり、その中でホームレスとは、特に家がない状態を指すというわけです。

ちなみに、「ネットカフェ難民」という言葉は実はマスコミ用語で、厚生労働省がネットカフェ難民の調査をしたときの報告書のタイトルにあったのは「住居喪失不安定就労者」です。定まった家はないが、働いて収入がなければネットカフェには泊まれないですから、非正規でも就労はしている「不安定就労者」という扱いになります。しかし同時に「住居喪失」状態ですから英語に訳せば「ホームレス・ピープル」以外に訳語はないわけです。

繰り返しますが、野宿生活者とは、家がない状態の生活困窮者のことです。家がないという特性ゆえに、駅や公園などで体を横たえて眠り、体力を回復しなくてはなりません。家があれば家でやることを、家がないので野外でやらざるを得ない状態です。家の食卓でごはんを食べることができないから、道路にしゃがみこんで、あるいは公園の片隅で、駅の通路で、ごはんを食べている。そうすると、「あんなところでごはんを食べている人がいる、なんだか気味が悪いね」などと言われてしまいます。家があれば家で着替えたり、身支度をするけれど、家がないので公園のトイレで着替えをしたり、トイレの水道を使って顔を洗い、ひげを剃って身支度をするしかありません。着替えずひげも剃らず不潔なままでいたら、それはそれで目立ってしまうし、仕事にもありつけない。やむをえずそうしているのに、「ホームレスが勝手に公園を長時間占拠している」と言われてしまう。

これらは、「家がない」という特性を持つマイノリティだからこそ起きていることであって、そのような状態の人たちのための法律（ホームレスの自立の支援等に関する特別措置法。以下、ホームレス特措法）まであるのですから、もっと社会的に理解されて良いはずです。しかし、残念ながら理解は進んでいません。

たとえば、別のマイノリティだったらどうでしょう。足が不自由な方は車椅子を使いますが、車椅子を使っているからといって、「あんなやつはだらしがないから車椅子にのっているんだ」「なまけているから車椅子に乗っているんだ」「気合いがあれば車椅子なんかいらないだろう」と言うような人はまずいないでしょう。しかし、野宿生活者だとそのように言われてしまうのです。だらしがなくて、なまけていて、やる気がないから野宿になってしまうのだと思われる。そのような無理解によって、野宿生活者は自尊感情を削り取られ、さらに社会から分断されてしまうのです。

野宿生活者は「なまけ者」なのか

そもそも、野宿生活者は、だらしなく、なまけている人たちなのでしょうか。日本の社会保障が非常に優れていて、この人はなまけものの野宿生活者だけれど、生存権があるのだからと、行政が公的責任として日々ごはんを配り、野宿をしていても誰も生活に困らないですむという優しい国家なのであれば、「だらしない人」「なまけもの」が野宿をしていると言われるのもまだわかります。しかし、残念ながらいまの日本の福祉制度はそうではありません。現状、日本においては野宿生活者が野宿状態のまま利用できる社会保障制度はほとんどないのです。

たとえば生活保護制度にしても、野宿生活状態で生活保護申請はできても、その後は野宿をやめて、たとえば横浜なら寿地区の簡易宿泊所などに入所してもらい、そこで生活するということを前提にしないと、生活保護は受けられません。どこに住んでいるかわからない野宿生活者には、自立の助長ができないので生活保護の決定ができない、と厚労省は決めています。野宿生活者の支援施設である自立支援センター（生活困窮者自立支援法の一時生活支援事業）に入所すれば、その日からごはんが食べられ、寝るところも確保でき、本人が希望すれば就労支援も受けられますが、日本においては、生活保護を受けるにも、自立支援制度を使うにも、継続して支援を受けるには、野宿をやめなければ支援対象者にはなれません。

逆に言えば、野宿生活者というのは、自分を支えてくれる制度が一切ないのに、厳しい環境の中で、日々の糧を得て、寝場所を確保して生き抜いている人たちなのだと言えます。野宿生活者に関する厚生労働省の実態調査データ（下の表）を見ると、野宿歴1年以上の人が約8割を占めており、2016年については10年以上の人も3分の1以上います。

言い換えれば、野宿生活者には野宿生活を長期に継続できるスキルがあります。実際に、路上で自立的に生きている人はたくさんいます。彼らは、困窮の中を生き抜き生活していく力を持っている人たちなのです。「なまけもの」には、野宿で日々の糧を得て、生活を回し、寝場所を確保するというようなことをして、野宿生活を継続することは不可能です。こんなことを言っても、多くの人はあまり納得しないかもしれません。では、野宿生活者はどのような生活を送っているのかを、次で見てみましょう。

（表）野宿生活歴

	全国Ⅰ（2003年2月）	全国Ⅱ（2007年1月）	全国Ⅲ（2012年1月）	全国Ⅳ（2016年10月）
1年未満	37.1%	22.9%	20.2%	22.2%
1年以上3年未満	31.1%	16.8%	17.7%	12.2%
3年以上5年未満	17.8%	18.9%	15.8%	10.5%
5年以上10年未満	13.9%	25.8%	20.2%	20.5%
10年以上	－	15.6%	26.0%	34.6%

出典：厚生労働省全国調査。全国Ⅰ、全国Ⅱ、全国Ⅲ、全国Ⅳをもとに著者作成。

スキルがなければ野宿生活はできない

私が講演などで、「野宿生活者を見たことがある人はいますか?」と尋ねると、ほぼ100%の人が手をあげます。しかし、「直接話しかけた事がある人はいますか?」と聞くと、ほとんど手があがりません。見たことはあるが話したことはないわけです。これで実態はわかるでしょうか。

また「アルミ缶を自転車に積んで走っているおじさんを見たことがありますか?」と尋ねると、ほとんどの人たちが手をあげます。このおじさんたちは、アルミ缶を集めるのが趣味の人たちでしょうか? 違います。これは、彼らが日々の糧を得るための仕事なんです。残念ながら野宿生活者は社会的信頼が低く、人間関係の貧困を抱えているため頼れる人や支えてくれる人が少なく、就職などで連帯保証人、身元保証人になってくれる人もいない。その結果、仕事を得られず野宿生活をするしかなくなっています。

野宿生活歴が短い人の中には携帯電話を持っている人もいますが、野宿生活が続けばほとんどの人が携帯電話を維持できなくなるので、連絡もつけられない。住民票のあるところに住んでいない。そんな中で仕事をどこかで見つけて、なんとか日々の糧を作り出しています。

みなさんが同じ状況になったことを想像してみてください。それでも、自分は日々食べていけると自信を持てる方は、どれぐらいいるでしょうか。

もちろん、すべての野宿生活者がアルミ缶を集められるわけではありません。集めてきたアルミ缶を置いておける場所を確保しなくてはいけないし、ひとつひとつ缶を集めるのは大変なことですし、規制も厳しくなってきています。ではどうしたらいいのでしょうか。

人によっては自転車で町中を回ってこまめに集めている人もいますが、人によっては、近くのマンションの管理人と仲良くなって、朝早く行ってゴミ収集場の片付けを手伝うかわりに、そこで得たアルミ缶をもらって帰るという人もいます。そのような場所を数カ所持っていれば、それなりに確実な量を集められるので、生活もなんとか維持できるのです。

私の知り合いの野宿生活者の方にはこんな人がいました。いまはコンビニの廃棄物管理なども厳しくなって、簡単には残物を渡してくれなくなっています。そんな中で、いろいろなコンビニで、仕事をさせてくださいと頼んでまわると、たまには人の良い店長がいて、「働いても良いよ」と言ってくれる。深夜、人の出入りが少なくなったころに行って周辺を掃除させてもらい、その謝礼代わりに期限切れの弁当をもらって帰るのです。またある人の例では、少し前になりますが、それなりにこぎれいにしていって、コンビニのユニフォームを着て、同じように仕事しますが、労働者名簿に本人の名前はなく、賃金の発生しない労働者として働くのです。給料の代わりに残物の食べ物をもらうのです。もらって帰ったコンビニのお弁当は、戻って仲間に分ける。「オレは当時最大で11人にメシを食わせてたんだよ」と言う人もいました。「夏なんか毎日うなぎだよ。うなぎ弁当は高いから必ず売れ残るからな」と笑っていました。60代くらいの男性で、かつては営業の仕事をしていたのでコミュニケーション能力が高いんですね。

野宿生活者の平均月収は3万円以下と言われていますが、野宿を前提にすれば、3万円でも、食べるだけならなんとかなります。雇われることは難しくても、彼らは労働をしているし、自分たちの知恵とスキルで、労働を見つけて日々の糧を得ているのです。そのスキルがなければ、とても野宿生活は維持できないのです。そのことに気づけば、一般の人たちから見る野宿生活者像も、少し変わって見えてくるのではないかと思います。

就労と高齢者福祉の谷間の世代

仮に、なまけものの人が野宿生活者になるということであれば、男女問わず、年齢を問わず、どの層にも野宿生活者がいるはずです。私たちもよく「野宿のおっちゃん」なんて言い方をしてしまいますが、「厚生労働省全国調査」全国Ⅳ（２０１６年）を見てみると、やはり、野宿生活者は圧倒的に男性であり、女性は３・８％しかいないことがわかります。ここまで男女比に差があるということは、そこには何らかの社会的要因があるということです。個々の「性質」に問題があるわけではないのです。

年齢を見ても、野宿生活者にはやはり若い人は少ないです。40歳未満で野宿生活をしている人は３・４％しかいない。一方で多いのが、50歳から69歳くらいまで。この世代が現状では7割近くを占めています。もしも彼らがなまけものだというのであれば、人間は50歳くらいでなまけものになり、70歳になったらまたなまけものではなくなることになってしまいます。

実際には、50歳未満の人たちならば、まだ非正規雇用も含めてなんとか仕事を見つけることができ、家がなくてもなんとかネットカフェに寝泊まりをしても、野宿をしないで済んでいるのだと思います。70歳をすぎると肉体的にはもう頑張れなくなり、寒くて過酷な野宿で生き抜くことが難しくなり、「引退」せざるを得ないということなのだと思います。失業者も65歳を超えると、高齢者福祉制度の対象になるので、緩やかに社会保障を利用していくのでしょう。なので、就労と福祉の谷間の世代が野宿をしているのです。

とはいえ、本来なら高齢者福祉以前にも本来活用されるべき生活保護制度があるはずです。ここにはひとつ大きなネックがあります。生活保護申請をすると、扶養照会といって、まずは親族にその方を扶養することが可能かどうかという連絡が行ってしまうため、その連絡が家族や親族に行くことをよしとしない人も多いのです。現在は扶養紹介は扶養の可能性が低い場合は紹介を行なわないことになっていますが、それでも拒否感を強く持つ人は多くいます。

２００８年秋のリーマンショック以降、派遣切りによって、いままでにない若い世代の野宿生活者層が生まれました。それまでは若年層の生活保護は水際作戦（生活保護の申請を福祉事務所が様々な理由をつけて受理しないこと）の対象になり、なかなか利用できないことが多かったのですが、その後の生活保護の柔軟適用により、統計上の野宿生活者は減少し、生活保護受給者が増えました。前述のように厚労省の調査で50～69歳の世代が7割近くを占めるのに対し40歳未満の全国の野宿生活者は3％ほどと非常に少ないのは、40代未満の若い世代は、野宿生活を継続できるほどのスキルがなく、かつ、生活保護制度を活用することに年配の方ほどは抵抗感がない傾向があることも一因でしょう。

逆に中高年世代は前述したような理由で、生活保護制度を利用することをためらう人が多いということもあるでしょう。

ちなみにこの調査は「ホームレスの自立支援等に関する特別措置法」という法律に基づいて厚生労働省が調査したものです。野宿生活者の中には、生活保護など行政支援を受けないで暮らしている人も多いので、彼らの生活の実態を行政が把握することができないと、施策の対象から漏れてしまうことになります。生活困窮者のための施策であるはずが、その中でももっとも貧困に苦しみ、支援を必要としている人たちが取りこぼされてしまいます。そうしないための法律であり、実態調査です。

実は、野宿生活者の中には、意外に年金をもらっている人も少なくありません。2017年に年金制度の変更があり、納付期間が10年あれば年金をもらえるようになりましたが、それまでは、25年以上かけていないと年金はもらえないというしくみでした。だからこそ、いまの60代は、働けていた時期にコツコツと年金を払い続けてきたわけです。なまけものどころか、社会保障のひとつである年金を払ってきた人が、自分が困ったときは何もケアされずに、突然路上にたたき出されてしまったということです。そんな恐ろしい社会構造があったということは、無視できません。

野宿生活者を生み出さなければ成立しない社会

このような社会構造は、どうして生まれてきてしまうのでしょうか。なぜ野宿生活者の存在が必要なのでしょうか。それは、格差があり、富を最低限しか消費しない層が必要だからです。言い換えれば、野宿生活者がいなければ社会が成立しないのが、いまの日本社会だということです。

たとえば、ある自動車の大企業の社長の年収が数億円であっても、その会社のライン工場で働くような単純労働に従事する人たちは、おそらく年収300万円以下で、ワーキングプアかそれより少しだけ良い程度の収入である可能性は高いです。1年まるごと働かせてもらえない期間工や、数カ月契約で切られてしまう派遣労働者も多いでしょう。このような人たちの存在によって、いまの社会は支えられていると言えます。一部の過剰に報酬をもらえる人が存在する社会は、ほとんど報酬がもらえない人たちがいないと成立しないのですから、あたりまえのことです。これを例えるならば、椅子取りゲームです。誰かが椅子に座れば、今椅子に座っている人たちが椅子を奪われて、椅子に座れない人たちが確実に生み出されてしまいます。いま私たちが、かろうじて人並みの報酬で働けているとしたら、そしてかろうじて住める家があるのであれば、それは、この椅子に座れない、本当に最低限の分配しかもらえない人たちの存在のおかげで、そのぶん少しだけ多くの報酬をもらえていると言ってもよいでしょう。

前述の実態調査の表（43ページ）を見てみると、2003年の時点で、野宿生活が3年未満だった人たちが68％でした。その後2007年の調査を見ると、5年未満の人たちが60％ぐらいです。完全失業率の推移（次のページ）を見ると、1998年ぐらいから失業率は一気に上がっています。野宿生活者の実態を見ても、そのころから野宿せざるを得ないほど困窮している人が増えてきています。野宿支援団体の実感からしても、90年代前半は、野宿生活者は日雇いの建築土木労働をしているような方が極めて多かったのですが、90年代後半から、そうでない野宿生活者、たとえば自動車産業のライン工などで働いていたような人たちが増えてきた印象があります。神奈川県の自動車メーカーで働いていた人が、野宿を経験して、私たちと出会って、一緒に野宿生活者の訪問活動に参加するようになったら、同じように野宿生活者になっていた元同僚と出会った、ということもありました。これについては次の章で詳しく触れます。

これはどういうことでしょう。日本の企業は、それまでは期間工・派遣などの非正規労働者を増やして安い労働力を確保していたわけですが、90年代後半の時期から、グローバリゼーションに舵を切りました。つまり、工場を海外に移転させて海外で安い労働力や原材料を確保するやり方に切り替えました。結果、日本では雇用の枠が減り、失業者が多く生み出されました。その失業者の一番過酷な形が

（図）完全失業率の推移

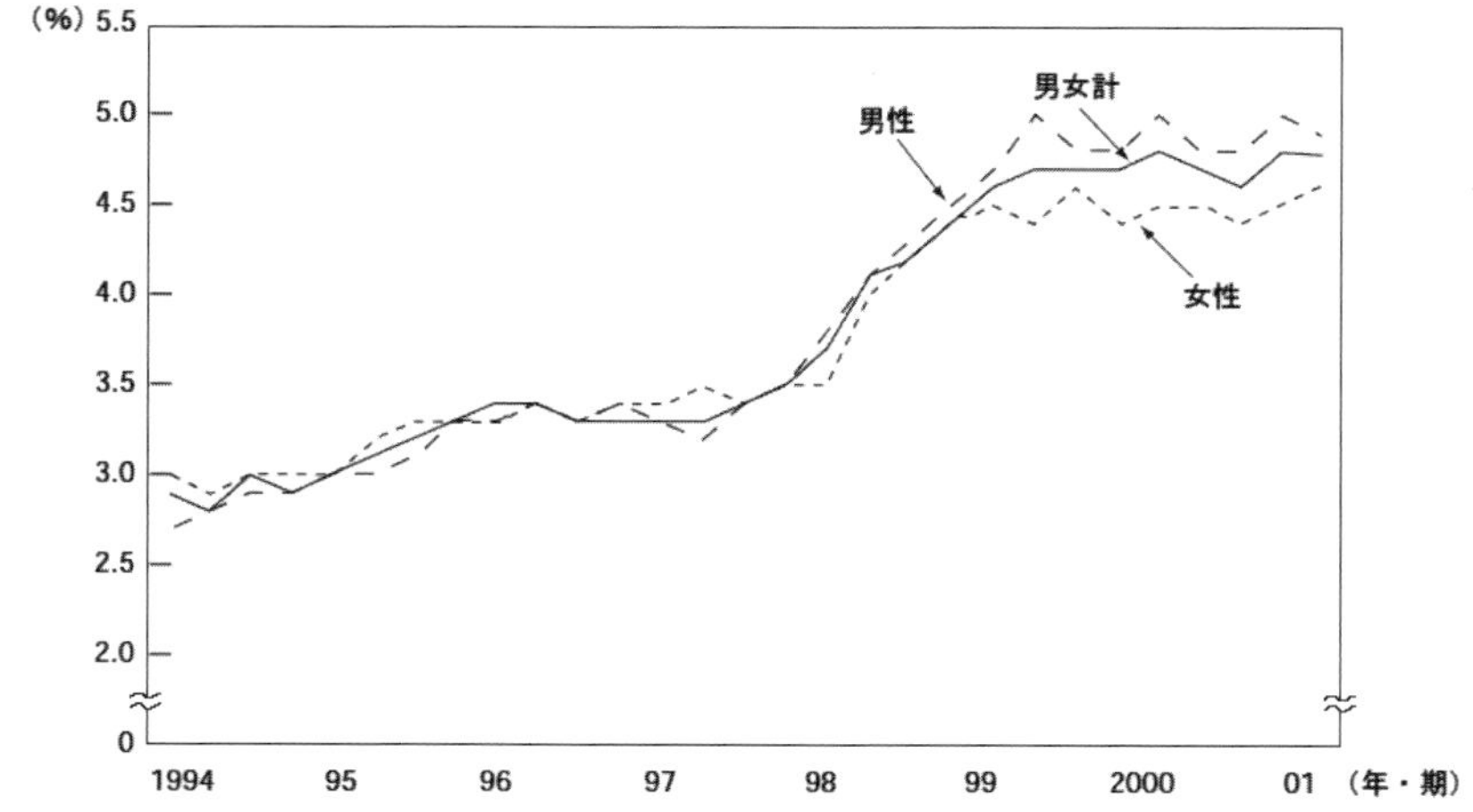

出典：総務省統計局「労働力調査」をもとに作成。

野宿生活者という形になって現われてきたということです。

よく、バブル崩壊で野宿生活者が増えたと言う人がいますが、そうではありません。もしもそれが現実ならば、1992年ごろから増えていてもおかしくないのですが、日本の失業率が急上昇するのは1990年代後半からです。実際には、長い間、日本の「景気対策」は「土建屋行政」といわれることもありましたが、公共事業などを大企業に発注することによって、道路や建物を作ることで、大企業が潤い、そこから下に降りていって、労働者たちの雇用も生まれて経済が回る――そのようなオールドスタイルの景気対策がとられてきたのです。しかし、バブル崩壊後の長期不況では、もはやそのような景気対策では改善の見込みがないということで、橋本内閣（1996年1月～98年7月）の緊縮財政の下で、消費税も3％から5％に上がったし、同じころアジア経済危機（97年）も起きました。その中で、日本ではついにコストのかかる終身雇用制度を維持できない会社も現われ、リストラという名の解雇が行なわれるようになり、結果的にたくさんの中高年失業者がうまれました。年齢的にも再就職は難しいし、海外に安い単純労働力を求める企業の下で、非正規雇用すら期待できない、そのような世代の人たちが、失業者の一番過酷な形として家さえ失い野宿生活者になっているのです。

野宿生活者はかつてどんな仕事をしていたか

「厚生労働省全国調査」（全国Ⅳ）の中の「路上（野宿）生活をするようになった主な理由」という項目を見ると、その現実がよくわかります。次のページの表が伝えるのは、最新の2016年で

「倒産・失業」が26・1%、「仕事が減った」が26・8%、「病気やケガで仕事ができなくなった」が16・9%です。これは複数回答可ですが、約7割が仕事関係の理由で野宿に至ったと思っていることがわかります。しかも、非自発的離職といって、本人が辞めたくて仕事を辞めたわけではなく、会社が潰れたから失業したり、仕事が減って、仕事に行きたくても行けなかったために、結果的に野宿になってしまったということです。もしくは、病気やケガで仕事ができなくなり、辞めざるを得なくなり、結果的に野宿に至ってしまうということです。それ以外の理由としては「人間関係がうまくいかなくて仕事を辞めた」「家庭内のいざこざ」「飲酒、ギャンブル」などです。これらの理由も、何らかのケアや支援が必

(表) 路上 (野宿) 生活をするようになった主な理由

(複数回答)	人	回答%	ケース%
01. 倒産・失業	369	17.5	26.1
02. 仕事が減った	379	18.0	26.8
03. 病気・けが・高齢で仕事ができなくなった	240	11.4	16.9
04. 労働環境が劣悪なため、仕事を辞めた	71	3.4	5.0
05. 人間関係がうまくいかなくて、仕事を辞めた	242	11.5	17.1
06. 上記以外の理由で収入が減った	25	1.2	1.8
07. 借金取立により家を出た	47	2.2	3.3
08. アパート等の家賃が払えなくなった	156	7.4	11.0
09. 契約期間満了で宿舎を出た	25	1.2	1.8
10. ホテル代、ドヤ代が払えなくなった	60	2.8	4.2
11. 差し押さえによって立ち退きさせられた	5	0.2	0.4
12. 病院や施設などから出た後行き先がなくなった	24	1.1	1.7
13. 家庭内のいざこざ	105	5.0	7.4
14. 飲酒、ギャンブル	126	6.0	8.9
15. その他	236	11.2	16.7
有効回答数	2,110	100.0	149.0
有効回答者数	1,416	98.7	
無回答	19	1.3	
合計	1,435	100.0	

出典:厚生労働省全国調査の全国Ⅳ。

要なことが原因です。単純になまけて野宿に至ったということではまったくないと言ってもいい状態です。

もうひとつ下に示す表は、直前職といって、野宿生活者になる直前に就いていた仕事についての調査です。最初に述べたように、野宿生活者には「だらしない人、働かないなまけものの人」というイメージがつきまといます。また、ある程度この問題に関心がある人でも、野宿生活者はもともと日雇い労働のような不安定な仕事をしていた人が、仕事がなくなったことで野宿生活者になったと捉えている人が多いようですが、次のページの「職業上の地位（最長職）の推移」を見ると、「最も長く従事した仕事での立場（雇用形態）」の半分以上は、常勤職員だったことがわかります。多くが、安定した仕事を長く続けていた人です。経営者や自営業の人も7～9％程度います。

実態調査の時点で60～70代の年齢層であれば、「金の卵」として集団就職などで東京に出てきて、手に職をつけて、自分の会社を立ち上げて経営していたという人もいたはずです。いわゆる「金の卵が社長になる」ということです。人生の長い期間をそれなりに安定した仕事をしていたという人たちが6割ほどいる一方で、日雇い労働を長くやっていた人というの

（表）職業上の地位（直前職）の推移

	全国Ⅰ (2003年2月)	全国Ⅳ (2016年10月)	全国Ⅴ (2021年11月)
経営者・会社役員	2.2%	2.1%	2.2%
自営・家族従業者	4.0%	4.7%	4.8%
常勤職員（正社員）	39.8%	40.4%	45.8%
パート・アルバイト	13.9%	24.1%	23.2%
日雇	36.1%	26.7%	20.7%

出典：厚生労働省全国調査の全国Ⅰ、全国Ⅳ、全国Ⅳをもとに著者作成。

は、2021年では14・1%しかいません。パート・アルバイトなどの非正規雇用を加えてもトータルで31%程度、つまり3分の1程度しかいないことがわかります。社会が野宿生活者のイメージとして見ている、不安定な仕事に長く就いてきた人というイメージは、野宿生活者の実態を表わしてはいません。もちろん、いま60~70代の人たちの多くが終身雇用制の就労形態だったので、当時の日本の正社員率は8割を超えていますから、それに比べればだいぶ低い傾向はあります。

また、「厚生労働省全国調査」の全国Vの「路上生活直前の仕事」の「職業上の地位」についての調査を見ても、常勤職員が45%を超えています。常勤職員でありながら野宿生活者になってしまったのではなく、おそらく、リストラも含めた会社の都合で常勤職員を辞めなければならず、それによって経済的に不安定になったということでしょう。常勤職員だった人が非正規雇用も含めて職を探したけれども、全国Vでは平均年齢が63・6歳なので、この年齢の人の転職ですから、転職ができたのは11~12%ぐらいしかいなかった。そのように読むべきです。最長職の常勤職員が57・1%だったのが、直前職では45・8%になっていて差は11・3%です。また最長職のパート・アルバイト+日雇いが31・1%だったのが直前職では

(表) 職業上の地位(最長職)の推移

	全国Ⅰ(2003年2月)	全国Ⅳ(2016年10月)	全国Ⅴ(2021年11月)
経営者・会社役員	3.1%	1.6%	2.5%
自営・家族従業者	6.2%	5.4%	5.1%
常勤職員(正社員)	56.7%	54.9%	57.1%
パート・アルバイト	7.8%	18.7%	17.0%
日雇	23.3%	17.5%	14.1%

出典:厚生労働省全国調査の全国Ⅰ、全国Ⅳ、全国Ⅳをもとに著者作成。

43・9%と、12・8%増えています。より条件の悪い非正規雇用にしても10%強しか転職できていません。

このデータからは、常勤雇用が減った代わりにパートやアルバイト、日雇い労働が増えているけれど、もっとも職種転換のしにくい中高年失業者は再就職もままならず、直前職が常勤職員のまま、転職できず誰にも雇われないまま、野宿生活者となってしまったということがわかります。

自営業も、中小企業の社長というのは、基本的には自分が連帯保証人になっていますから、会社が倒産すると自分も借金まみれになって、結果的には生活破綻してしまう場合が多いです。野宿生活者への個人史の聞き取り（101ページ）をしていると、集団就職で産炭地からエネルギー政策転換で石炭産業がなくなり、東京に出てきて働いて、バブルの勢いに乗って会社を立ち上げて、バブル崩壊後、あるいはバブルは何とか乗り越えたが、失われた10年といわれる「ロストジェネレーション」では耐え切れず会社を倒産させてしまったような人たちが多いことがわかります。景気の良いときは外車を乗り回して別荘を持っていたというような人が、借金まみれになって、妻子に迷惑をかけられないからと離婚して、その後家族の前から姿を消して野宿生活を始めた、というようなケースもあります。野宿生活者になってしまう背景には、そのようなさまざまな事情があるのです。

不審者とは誰か

現在のような状況でオリンピックを開催し、野宿生活者を追いだして、まるで学徒動員のように、大学に働きかけて学生を無償で働かせる学生ボランティアを増やすなど、本当におかしなことをやっています。社会全体がそれを良きもののように扱い、大学も学校として後押しすれば、学生たちも、やらねばならないということになるでしょう。そういう不気味な世界にどんどんなっているのが恐ろしいです。コロナ禍でオリンピック開催を優先した結果、感染が拡大してしまったのは、みなさんの記憶にあると思います。

いわゆる戦後教育は、学校が「良い」とした価値観を子どもたちに押しつけるような教育をやってきました。川は「さらさら流れ」ていなければいけない。「川がプルプル流れる」と書けば学校でバッテンをつけられ、そんな感受性ではだめだ、社会に順応したかったら学校で教えるような感受性を正しいものとして信じて動け、として、そのような価値観に順応できない人たちはどんどん学校からこぼれ落ちていってしまう。そのような空気が、排除される恐怖を生み出し、より弱いものを叩く野宿生活者の襲撃者を生み出しているし、野宿生活者への偏見にもつながっていると思います。

そして、社会では、安心・安全の名のもとに「不審者」の排除が行われようとしています。多くの場合、「不審者」とされてしまうのは安定した住居を持たない野宿生活者だったり、社会に居場所がなく、近隣を徘徊しているハンディキャップを持っている人だったりします。そこに共通しているのは、社会的無理解です。しかし、これまでお伝えしてきたように、野宿生活者というのは、いわゆる経済的な困窮によって家を失うほどの大貧困になった人たちです。グローバリゼーション政策によって終身雇用制が崩壊し、経済体制が大きく変わった中で、中高年であるがゆえに職種転換とか、新しい制度に順応できなかった方たちがふるいおとされて、最終的に一番過酷な状況に追い込まれたのが野宿生活者なのです。

また、近隣を奇声をあげながら徘徊している人がいたら、その人も「不審者」として扱われるでしょう。けれどもそのようなハンディキャップのある人たちも、たとえば高校まではなんとか学校教育の現場でフォローしてもらえて、その後も福祉作業所などさまざまな場所につながれた人は良いですが、うまくマッチングできず、行き場所がない人たちだっているはずです。行く場所がない若者が奇声をあげながら生活している。それを「不審者」と見るのではなく、たとえば、ご近所の○○さんの家の○○くん、と捉えれば、それは困難を抱えた近隣住民のことになります。しかし現状では、地域住民においてもそのような受け止め方はしてもらえず、「みんなが迷惑している不審者」と理解されてしまいます。そういう人たちを排除することは「地域のために良いこと」だと思っているような節すらあるのです。困った近隣住民を支えない社会は、自分が困った時にも支えてもらえない社会です。

彼らを「不審者」ではなく近隣住民として受け入れていくかどうかが、地域の寛容さ、やさしさの分かれ目になると思います。困難を抱えた人たちを排除する社会を選ぶのか、受け入れる社会を選ぶのか。いま、わたしたちに突きつけられていると思います。

生き抜くための創意工夫

失敗者を排除する社会よりも、寛容で優しい社会のほうが、誰にとっても良いものだと思うのですが、一方で、「努力が足りない」というような、勤勉さを求める価値観は根強く残っています。実は、それはとても矛盾していると思うのです。

たとえば、ある野宿生活者の例です。私が彼に出会ったのは極寒の2月、その人は公園で丸裸になって体を洗っていました。さすがに私も驚いて、どうしたのと聞いたのですが、返ってきた言葉に考えさせられました。

「オレ、いま仕事が毎日あるんだよ。いま年度末の一番忙しいときで、3月末まではたぶん仕事に行けるんだ。でも、家がないってわかったら明日から使ってもらえなくなっちゃうだろう？　だから寒くてイヤだけど、こうやって公園で体を洗って、少しでもきれいにして、明日も仕事に行こうと思ってさ」

彼はいま仕事があるから、本当は銭湯に行ったり、安い宿に泊まったりすることもできるんです。でも、いまのようなまとまった仕事は、この年度末の時期しかない。彼はこの2カ月の収入で、1年間食べていかなくてはならない。「だから無駄遣いなんかできねえんだよ」と、公園で体を洗っていたのです。

たしかに、寒い2月に公園で体を洗っている人がいたら、その人は「不審者」に見えるかもしれません。でも努力をして頑張って働く人を評価したいというのであれば、この野宿生活者こそ、必死で仕事をし、仕事を得るための努力をし、勤勉に節約して、日々を必死で生きている人だと思うのです。

しかしいまの社会は、こういった人の生き方を認めず、社会的に意義があるものとしては受け入れないのです。

このような現実があることを、多くの人にわかってほしいと思います。私たちのすぐ隣に、この野宿生活者のような人が必死で生きていて、しかしその彼を「不審者」として排除している社会がある。そのことを考えてほしいし、その上で、私たちがどのような社会を目指すのかを、考えるきっかけにしてほしいと思います。優しくしなくてもいい、せめて、公園で野宿をしている人がいたら、石を投げるのはやめようよ、という話です。野宿生活者でなくても、滞納で電気やガス、水道を止められた人で、カセットコンロでごはんを作り、水は公園にくみに行けばなんとかなる、という人もいます。夏はペットボトルに水を貯めて、直射日光で温めて、夜はその水で体を洗うという人もいました。生きていくための創意工夫に満ちているなあと私は思います。

模範的に生きられない人が排除されてしまう社会の中で、だからこそ生まれる創意工夫がある。模範的に生きられなくても、なんとしてでも生き抜くのだという決意や力の発露は、ある程度評価されるべきだと思います。すでに右肩あがりの経済成長など完全に終わっていて、老後破綻も起こるべくして起こっている。そんな社会で、いがみあっていては生きられないし、お互いに助け合うしかないのですから。助け合うことも生きるための知恵だと思います。

どんな社会を目指すのか

私たちが学生だった頃は、労働生産性が上がって社会が豊かになれば、人々の労働時間も減り、生活の質も選ぶことができるようになるという神話を信じていました。実際、その予測は半分は当たっていて、たしかに労働生産性は高くなり、ＡＩも開発されて、人間は長時間働かなくても社会はまわるようになったと思います。でも、みんなが豊かになる分配はなされなかった。思った以上に人間は強欲だったということです。

一部の人たちだけが利益を握り、限りなく生み出されている低賃金の労働者たちがそれを支えている社会です。もはやそれでも経済がまわらなくなってくると、これからはさらに激しい収奪が起こるでしょう。労働者が足りないなか、外国人実習生のような権利が保障されない労働者も増えています。少子高齢化で、社会福祉の担い手が少なくなれば、介護を受けられない人が増え、費用負担のできない貧しい中高年者は医療・介護からも疎外されていくでしょう。分かち合いができない、優しくない社会のままでは、本当に日本は破綻してしまうと思います。

第4章　排除とバッシングの中で

なぜダンボールハウスが撤去されたのか

この章では、具体的な事例からお話していきたいと思います。ひとつめは、神奈川県のある駅で、住民苦情により野宿生活者Aさんたちのダンボールハウスの撤去が要求された件です。

2006年5月、その市の道路管理課が、1週間以内にダンボールハウスを撤去するようAさんに要請しました。その理由として挙げられたのは、Aさんが年金をもらっていて、その場所に住みだしたのも最近で、市内に本人の姉が住んでいる、ということでした。以上の理由を以て、その場から自主的に移動可能だと判断したというのです。また、市が聞き取った結果、「継続して野宿生活を希望するものは誰もいなかった」と記しています。

そのことを知った私たちも、支援団体としてその方に聞き取りにいきました。興味深いなあと思ったのは、役所が聞きたいポイントと、私たちが聞くポイントが違うということでした。

当然のことだと思うのですが、「継続して野宿生活をしたいか」と聞かれて、「今後ずっと野宿をしていたい」と答える人はほとんどいません。みんな、「他にしようがないから野宿している」と答えます。まれに、「俺は積極的に野宿をしているんだ。ここで生き抜いてやる！」と言う人もいますが、決して大多数ではありません。しかし、どちらにしろ、他にしようがないからとはいえ、路上で生き続けることができているということそのものが、私たちからみたらすごいことだと思っています。

ひとまず事情を聞こうと、私たちがAさんに聞き取りにいったところ、「年金をもらっている」といっても、2カ月でわずか10万円程度であることがわかりました。この額では家を借りて家賃を払って生活するということはできません。野宿を前提にすればなんとか食べることだけはできるかもしれないけれど、生活をすべてその金額で支えきることはできないことは明らかです。また、最近その市に来たばかりというのも、安定して生活できる場がなく、行き場所がなくてほかの場所から移ってきたということです。市内に姉がいるということは、その姉からの経済的な支援が期待できず、頼ることはできないため、野宿しているということです。現在の場所にいてはいけないのであれば、近くの公園に移って野宿しようかと思っている、ということでした。

この結果をふまえて、私たちは市と交渉しました。当初は市は「（野宿生活者の）みなさんが協力してくれる（期限内に退去してくれる）と言っているので、市として対応しなくても、期日には誰もいなくなるはずだ」と返答していました。それに対して私たちは「もしも、期日以降も野宿を続けたい人がいれば、行く場所がないことを認めるのですか？」と指摘しました。それに対して市も協議をした模様で、結果的に「住民が納得できるような状況になれば、何も排除を強行するわけではない」という発言を引き出すことができました。

行政とどう折り合うか

支援団体としても再度の意思確認をしました。生活保護については、Aさんも前述したような親族との関係もあり、扶養照会をされては困るので受けたくない。そして、駅を追い出されたとしても行くところはなく、野宿生活を続けるしかないことは明らかなので、同じ野宿をするなら、公園よりも屋根のあるいまの駅が良い、という考えでした。

役所は「住民が納得できるような状況になれば、何も排除を強行するわけではない」と言います。ということは、そのままその駅で野宿を続けるためには、住民苦情が出ないようなやり方を考える必要があります。市に確認したところ住民の苦情の多くは、野宿生活者の荷物が散らかっていることに対する苦情だったので、それならば、と私たちはほうきとちりとり、ビニール袋を持っていって、ひとまず散らかっているものはこの中に入れますよと「片付け」をしました。片付いていることが目に見える形になれば良いわけですから。すると役所の人も「片付けをやってくれるんですか?」と驚いていて、片付けで出たゴミの捨て方、捨てる場所まで教えてくれました。分別もしなくて良いし「指定の場所に置いておいてくれたらこちらで片付けますよ」とまで言ってくれました。

そして私は、Aさんやほかの野宿生活者のみなさんにも、荷物はダンボール2、3箱分くらいにとどめましょう、と言いました。そして「これは生活に必要なものなので持っていかないでください」という貼り紙を作って箱に貼ってもらいました。このように、生活に必要なものとそうでないものをきちんと分けて、いらないものは捨てるというようにルーティン化して片付ければ、みんな自然と気持ちが前向きになり元気になっていきます。もともと、路上で生き抜く力においては天才と言って良い人たちですから、片付けを始めたらどこからか台車を持って来て、ゴミを処分しました。最後にはその台車もいらないから捨ててこようと言って、みんなで担いで捨てにいきました。

野宿者が暮らす公園の工事について考えるワークショップ

このことに関連して、私が行政や学校の人権啓発の研修などでよく行うワークショップをここでご紹介します。正解はありませんので、みなさんも次の例題を考えてみてください。

＊ワークショップのねらい

病気や失業などで、やむにやまれずホームレスの状態になる可能性は誰にでもあります。その中で、偏見や差別に直面してしまい、危機的な状況においこまれてしまうこともあります。誰も切り捨てない、誰もが生きやすい街づくりへの方策に思いを巡らすとともに、ホームレス等の人権について自分事として考えていきます。

＊例題

ある野宿者が公園に住んでいました。彼は東北出身で高校卒業後、都会に出てきて、各地を転々として仕事をしてきました。ここ10年ほどはリーマンショックなどの影響で、派遣切りにあい、年齢も60代になったので、仕事はしていません。生活保護を受けられることは知っていますが、他人の世話にはなりたくないと、アルミ缶などを集めて、生計を立てています。

基本的には近隣住民との関係は良好で、公園にいる猫にエサなどをあげていたので、近所の猫好きからは知られた存在で、猫を通じて交流ができ、家で飲んだアルミ缶を届けてくれる人もいます。その時には、余ったおかずももらっており、猫のエサなども届けてくれます。

ただ、猫に落書きをした子どもがおり、この子に注意したことがありました。この親は、「ホームレスは危険な存在なので、出ていくべきだ」という風にいい、「公園は住むところでないのに、それを許している役所はおかしい」と何度も役所に陳情に行っています。

公園で改修工事の話が出てきて、「工事のために、今年の冬には野宿場所から出る」ように言われています。支援団体の人に相談したところ、行政にかけ合ってくれ、強制的な追い出しはしないと約束をしてくれました。その頃から、福祉事務所の職員も巡回してくるようになり、生活保護を受けて暮らすようにしきりに言われています。

野宿者としては、他の人に迷惑をかけたくないから、アルミ缶を集めて暮らしているのに、生活保護と言われても、体の動くうちは役所の世話にはなりたくないと思ってしまいます。

野宿者の自己決定を尊重しながら、改修工事も無事できるような方法があるのか、次のそれぞれの立場になって検討し、仲間と話し合ってみてください。

①野宿者
②支援団体の人
③行政１（公園管理者）

④行政2（福祉事務所）
⑤近隣住民1（野宿者に批判的な人）
⑥近隣住民2（野宿者と交流のある人）
⑦工事関係者

親族がいても、頼ることができない

ある場所から別の場所に追い出しても、野宿生活者は消えてなくなるわけではなく、移った先でも住民から苦情が来るなどして退去を迫られる。行くところがないからそこにいるだけなのに、そこでも邪魔者扱いされてしまいます。追い出したからといって、その人がどこかに消えてなくなるわけではありません。その人は、行く先々で排除され続けていくだけです。親族が近くにいても、頼ることはできない、特に親族が娘、姉などの女性の場合で主たる生計者でない場合は、より頼りづらいという状況もあるのです。

たとえば妻も子どももいる男性が住む家を失ったとき、日本はまだまだ家概念が強いので、結婚して独立した娘たちに対して、「お母さん（妻）を頼む」とは言えても、自分の世話まで頼むとは多くの場合言えません。日本の場合、家庭の生計を支えるのは男性であるという意識が強く、「嫁に行った娘」の家の生計に、男である自分がぶらさがるなんて「恥ずかしいこと」はできないと考える人が多いのです。結果、お母さんには野宿させられないから、と娘たちに頼むんです。自分は野宿生活をして、日雇いで仕事ができたら、孫への小遣いや土産を持って娘の家にいくのを楽しみにしている人もいました。

　このように、親族との関係がこじれているから頼れないというだけではなく、関係が悪くなくても別世帯である親族の夫や家族に遠慮して頼れないという例はとても多いです。

対立ではなく調整を目指す

　支援する側として非常に重要だったのは、Aさんのゴミをどこに捨てれば良いのかということでした。そして、片付ければ強制排除はしないという行政側の対応を引き出せたことは良かったことです。行政側としても、重要なのは市民サービスで、市民から苦情がきたことに対しては対応しなければなりません。けれども散らかっているというような見た目の問題であれば、きちんと片付けて見た目がよくなれば、野宿生活者に対する苦情も減るわけです。そこで野宿をしているとしても、その人が自分の家の庭で寝ているわけではないのですから、それでもそこから追い出そうと対立的に振る舞う必要もないのです。もちろん、野宿生活者も家がないだけで市民ですから、市民サービスの対象です。

　つまりは、その場所（駅）から追い出したとしても、結局はその人は別の場所（公園）に行くだけで、消えてなくなるわけではないのです。それであれば、どうすればお互いの共通理解を作ることができるかということを考えるべきでしょう。支援団体として調整するところは、まさにそこだと思います。

現在、その駅で野宿をしている人は一人か二人です。かつては10人くらいいたこともありました。駅のコンコースがとても広いため、そのぶん寒くて、決して野宿に向いている場所ではないのですが、若い子たちがダンスの練習をしている横で野宿生活者が寝ているような、そんな風景がみられました。

行政に対して「野宿生活者の追い出しを許さない!」と座り込んで闘うよりも、お互いがよりよい形を目指して調整をしていくこと。それが、私たち支援者にとっても非常に重要なところです。行政側も、むしろこのようなノウハウを覚えていただきたいなと思っています。ただ野宿生活者を追い出すだけでは、野宿生活者にダメージを与えるだけで何も解決しません。近隣住民が迷惑だと感情的になっているからといって、行政まで一緒に感情的になられては困ります。行政は、住民に対して全体の奉仕者であることが仕事であって、調整して、苦情が減るように対応していくこと、むしろ、苦情をきっかけに相互理解が進んでいくようにすることこそが重要なのではないかと思います。

もちろん、行政側が全く話し合いもしないで「排除する」というのであれば、座り込みなどの非暴力アクションも重要な選択肢だとは思います。別に闘うことが目的ではありません。ただ、行政などが強い力で強制的に事を進めるのであれば、血と肉を持った野宿生活者を「ない存在」にされないために、尊厳と自己決定を守るための一つの手段として、座り込みのような直接行動で異議申し立てをすることは意味のあることだと思います。

離れて暮らしていた家族も野宿生活者に

ふたつめの例は、住まいを失って野宿生活をしていて、体をこわして生活保護を受けていたBさんの例です。その方は、野宿生活を経て、生活保護を受けてアパートに入所したけれども、残念ながらその直後に心臓発作で亡くなられました。これも、その方がいかにギリギリまで耐えて野宿生活をしていたかということの証だと思います。野宿生活者にはよくあることですが、厳しい冬を耐えて、ようやく春になって暖かくなったころ、ホッとすると倒れてしまうんです。冬は身構えていて、酷寒の冬を耐え抜いた体は自分でも気が付かないうちに無理をしているのです。春になってホッとして気が緩んでしまうと急に倒れるのです。季節の変わり目は日々寒暖の差が激しく、寒さを耐え抜いた弱った体には非常に悪い影響を与えます。Bさんはアパートに入って1週間もたたずに亡くなられたそうですが、アパートの壁には、亡くなられたときにつけたと思われるギーッと爪でひっかいたあとがありました。よっぽど苦しかったのだと思います。

亡くなったことで、その方の遺骨をお渡しするためにBさんの遺族を探したら、別れた妻と娘さんが見つかりました。しかし、その二人も、野宿生活者になっていたのです。お話を聞くと、夫と妻は共に最終学歴が中卒で、工場で働いていましたが、バブル崩壊（1991～93年）後のグローバリゼーションの波を受けて、リストラにあい、二人とも職を失ってしまったそうです。

当時、大企業でもリストラの嵐が吹き荒れていて、その下請けである中小企業もたくさん倒産しました。京浜工業地帯も大リストラを行っていたので、下請けの工場がたくさん倒産しました。工場のライン工は、かつては学歴がなくても職を得られて、まじめにきちんと働いていれば終身雇用制に守られて生活が安定していたはずでした。グローバリゼーションで海外に工場を移転して、そこで単純労働者を求めるようになったために雇用のパイは海外に移ってしまい、国内では多くの失業者が出ました。亡くなったBさんは、失業のストレスもあってギャンブル依存になり、多重債務を抱えてしまいました。当時はまだサラ金の規制がゆるく、厳しい取り立てが行なわれていた時期で、家まで毎日のように脅しのような取り立てが来ていたそうです。その脅しが原因でその家に住み続けることができなくなり、離婚して妻と娘は家を出たのです。

Bさんの遺族の方も野宿をしていたということ、特に、17歳の娘さんが野宿をしているというのは、さすがに放ってはおけないことなので、彼女たちの相談を引き受けることにして、聞き取りをすることになりました。

支援が得られず、貧困のスパイラルに

多重債務の恐ろしい取り立てが続くので、まず離婚をし、夫は家を出て野宿生活者になったわけですが、住民登録上では彼女たちの家が夫のBさんの住所になっているので、夫が出ていったあとも日々取り立てが来ました。それが恐ろしくて家を出る選択をするしかありませんでした。

貸金業法の規制上では、債務者本人以外に返済の請求をしてはいけないし、そもそも家族に借金をしていることがわかるようにしてもいけないのですが、まったくそんな法律を守るような業者ではなく、家を出るしかなかったといいます。

だからといっていきなり野宿など始められるわけはなく、二人はまず、神奈川県内に住んでいる妹さんの家を頼りました。妹さんはもちろん受け入れてくれて泊めてくれたけれども、そこには妹さんの夫と息子もいますから、1週間くらいならお客さん扱いでいいけれど、1カ月にもなるとさすがにお互い気まずくなってしまう。お金もないので食費も出せず、家計を圧迫することになるわけです。妹さん自身が助けてあげたいと思っても、夫の手前ずっと泊め続けるわけにはいかなくなりました。それで結局、空くのを待っていた、常時募集の県営住宅に入ることになりました。

その後お母さんは就職活動をしますが、中卒でキャリアもないし、家は最寄り駅まで遠い場所なので、仕事はなかなか決まらず、45カ所に面接に行って、全部不採用だったとのことです。最後にはキャバクラに面接に行ったけれど「せめて30代のうちに来てくれればね」と言われて追い返されたそうです。働く意欲があっても、働く場所が得られず、家賃も払えない。だから野宿をするしかなかったのです。本来なら、母子家庭の貧困家庭として生活保護を受けられると思うのですが、相談する人もなく、生活保護という制度も知らなかったため、申請に至らなかったようです。

一方、娘さんのほうも、話を聞いてみると野宿生活になる前から辛い状況が続いていました。かつて娘さんは私立高校に通っていたのですが、経済的に通うことが難しくなったため、1年生で退学しました。しかし、いわゆる「底辺校」と言われるところで中退者がとても多い学校だったため、学校側も、特に引きとめることもなく退学を受け入れたようでした。

本来であれば、学費が払えないくらい困窮しているということは、その家庭にはケアが必要と判断されるべきで、その時点で就学援助をつけて、それでもダメなら生活保護に移行するなどの、行政の介入があるべきでした。そういうことができていれば、少なくとも、17歳の娘を抱えた母子世帯が野宿を選択するようなことはなかったはずです。野宿中も、若い女の子がいるということがわかると、寄ってくる男たちがいます。一度は「ババアはいいから娘を出せ」とやってきた酔っ払いもいたそうで、そのときはお母さんが傘で撃退してくれたとそんな体験もあったようです。

その後その母娘は、生活保護制度を利用してアパートを設定してもらい、その後はまじめに仕事を探し、娘さんのほうが先に事務職を見つけ、お母さんのほうもなかなか決まらなかったけれどようやく仕事に就けて、その後、もともと住んでいた市営住宅に応募したところ、抽選に当たって、なんとか生活を安定させることができました。その後、お母さんのほうに事実婚的なパートナーができたのですが、その男性も自己破産となり、私がその手続きを手伝いました。娘さんのほうもその後結婚されたけれど、やはり相手の男性も自己破産されたとか。貧困の連鎖だけではなく、子どもたちが、良いロールモデルが得られないという問題もきちんと考えていかねばならない問題だと思います。

元同僚が野宿生活者に

元同僚が野宿生活者になっていたという例もあります。ある自動車メーカーでは、従業員を3分の1にする大リストラを敢行したことがあります。契約社員や期間工は、雇用形態も不安定で、そのようなときに非常に解雇されやすい立場にあります。それによって野宿生活者になった人も多数出ており、私の知り合いのある野宿生活者が私たちとともに訪問活動に参加していたところ、前にも触れましたが、横浜駅周辺で元同僚が野宿をしているところに遭遇した例もありました。

その元同僚Cさんは、同じように職を失って野宿生活者になったDさんと横浜駅の植え込みのところに小屋を作って助け合って暮らしていたのですが、聞くとお互い中学校時代からの友人で、野球でピッチャー・キャッチャーでバッテリーを組んでいたのだそうです。Cさんが失職したときにDさんの家に転がり込んだのだけれど、Dさんもしばらくしたらクビを切られて、家賃が払えなくなって二人仲良く野宿生活をしていたのです。

グローバリゼーションで急激な雇用環境が変化し、多くの人が失職しました。友達が頼りになっても、その友達も失業してしまうという時代です。そんな時代ですが、まだなんとかつながりのある人は明るさのある野宿でした。貧困ではあるけれど、仲間がいて、仕事に行ける人は行き、アルミ缶を集める人はアルミ缶を集め、みんなで金を出し合って一緒に飯を食って……。野宿ではあってもそういうコミュニティがあったし、人と人との関係性も作れていたので、そんなに暗くはなかったように思います。大変な状況ではあっても、仲間がいてつながりがあると、決して楽な生活ではなくても、社会的には孤立していないので、精神的にはにっちもさっちもいかないというところまでは追い詰められないでいられるように思います。

リストラ離婚から野宿。しぶとく生き抜く

集団就職で都会に出てきて一生懸命に働いて手に職をつけ、資金を貯めて独立して、景気の良いときには別荘を持って外車を乗り回していたような人が、会社が倒産したとたんに、妻子には迷惑かけられないと離婚をして借金を全部かぶって姿を消す、というような話はとにかくたくさんあります。

前にも少し触れたのと同じ人ですが、Eさんのお話です。彼は、定年直前の59歳で会社をリストラされて、3日後に離婚。退職金などは家族にすべて渡して野宿生活者になりました。会社員時代は営業部長まで務めた人なので、対人スキルやコミュニケーション能力がとても高い方でした。野宿生活者になってからも、ちょうどEさんの昔の部下がコンビニの経営をしていたこともあって、店長に交渉して雇ってくれるように頼みましたが、その当時は60歳定年なので59歳の人は雇えないということで、雇ってもらえませんでした。それでも抜群の交渉能力で、お店を手伝うので、賃金の代わりに賞味期限切れで処分をする弁当などをもらうということにしました。たくさんの弁当を持ち帰って「金のないヤツはオレのところに来い」といって野宿をしている小屋で仲間をたくさん食わせていたような、たくましく魅力的な人でした。

実はEさんは、2002年5月に中高生による襲撃も受けました。中高生に「プータローの分際で」と罵倒され、頭を殴られました。どうも様子がおかしいので様子を見てやってくれと、野宿仲間からの知らせを受けて行ったのですが小屋から出てきません。小屋をのぞくと明らかに何かおかしいということで救急車を呼びました。硬膜下出血で、一時、意識不明になるほどの重傷でした。

襲撃した人たちは、いまも誰かはわかっていません。Eさんも60代でも腕に覚えもある人で、抵抗して何人かを倒したら、相手もエスカレートして、そのへんにあった看板で頭を殴られたようでした。殴るほうは、罪悪感がないどころか、公園を不法占拠して周囲に「迷惑をかけている」悪い人を注意して自分たちが追い出してやった、自分たちは良いことをしているんだ、という意識すらあったのではないかと思います。より弱いものを叩くことによって自分たちのストレスを解消し、自己肯定感を保つというような最悪の構造がそこにはあるのです。襲撃者自身も、そのように考えないととてもじゃないとやっていけないような精神状況にあるということだと思います。人を襲うほどのストレス、これはこれでケアされなくてはならないぐらい深刻な問題だと思います。子どもたちが人を襲うほどのストレスを抱えるって、どんな社会なんでしょうか。少なくとも希望の持てる社会ではないと思います。

Eさんは幸いにも後遺症はなく、リハビリを経て再び野宿生活に戻って、65歳までは野宿で頑張っていました。その後は年金も出たので「そろそろオレも『現役』を引退するか」と言われて、私が緊急連絡先を引き受けてアパートを探しました。その後も様々な活動に参加してくれました。

それにしても、59歳まで会社に勤めて、厚生年金という社会保障の原資もちゃんと払った人が、セーフティネットから漏れて長期野宿生活者になってしまうという現実を、私たちはどのように受け止めるべきなのでしょうか。

気がつけば社長に

野宿生活者は生活のために仕事を探しますが、簡単に見つかるわけではありません。ときに仕事を紹介してくれるという人に会っても、その人が必ずしも良い人とは限りません。本人の知らないうちに「社長」にされていたり、養子縁組をされて名前が変えられていたりすることもあります。また、「仕事に必要だから」と言われて銀行口座や携帯電話などを作らされて、それが犯罪に使われてしまうなどして知らないうちに「加害者」にされてしまうこともあります。

Fさんは、いつもニコニコ笑っているとても穏やかな優しい方です。何度か生活保護を受けていたのですが、就労指導などに適応できず、なかなか生活保護が続かずにまた路上に戻ってしまう、そんなことを繰り返していました。私が支援に関わるようになって聞き取りをしたところ、Fさんには軽い知的障害があることがわかり、障害者手帳を取ったほうが良いのでは、とアドバイスをして申請したところ、取得することができました。それでこの10年くらいは生活保護を受けて落ちついてやっと安定した暮らしができていたのです。

しかしあるときFさんから「こんなのが家にきた」と、特別送達の不在通知を見せられました。特別送達とは、裁判所から訴訟関係者に送られる通知で、多くの場合、借金の不払いによる支払督促や民事訴訟を起こされた場合に来ることが多いです。なぜ特別送達というかというと、通知が届いた時点で受け取った本人はそれを読んで内容を理解したこととみなされるものです。それでFさんに「借金はありますか?」と聞いたところ、「うん」と心当たりがあるような感じだったので、ひとまず通知を受け取ったほうがいいだろうということで、郵便局で受け取ってもらったのです。

受け取ってみて封筒を開けてみたら、それはなんと、振り込め詐欺に関する不当利得の返還請求訴訟の知らせでした。Fさんは知らないうちに架空の企業の社長にされており、勝手に口座も作られて、それがアダルト詐欺の振込口座になっていたのです。当然、裁判所には本人はそのようなことに関与していないという答弁書を出したのですが、この口座は本人名義であり、ではこの銀行口座そのものは自分で開いたものかどうかを裁判所の書記官から聞かれました。

Fさんは、銀行口座のある支店の場所の飯場にいたことはあるが、口座を作った記憶がないということでした。ただ、口座の名義人ですから、本人も分からないうちに銀行に連れていかれ、身分証明書を出して口座を作らされていたことは否定できません。

裁判は広島地裁に提訴されており、裁判に出頭すること自体が交通費を自分で負担しなくてはならないので、何度も文書でやりとりを行いました。障害者手帳のコピーを出して、知的障害を持つ私がこのようなアダルトサイトの振り込め詐欺などを行うことができるでしょうか。私には預かり知らないところで起きている事件ですという主張をしました。

当然ながらFさんは口座を使われただけで不当利得は受けていないのですが、結果的には和解になりました。被害者は、当該口座に70万円ほどを振り込んだのですが、その口座にはまだ残金が7万ほど残っており、それをそのまま渡す代わりに、それ以上の金額はこちらに請求しないようにしてもらったのです。結果的には和解に持ち込めたことで、Fさんに直接の金銭的被害はなかったのですが、

「加害者」として訴えられてしまいました。

銀行などでは一度口座を犯罪に使われた場合、その口座は凍結されてしまいます。口座が凍結されてしまうと、その事件の処理が全て済むまでは口座が凍結されてしまい、新しい口座を作ることができなくなります。振り込め詐欺の場合はいろいろな人が関わっているので、実質全ての事件処理が済むことはないといわれているので、大変な不利益になります。特に仕事などをする際には、銀行口座が必要ということも多々あるので、さまざまな影響が出ることもあります。自分が知らないうちに「加害者」にされてしまうというのは、本当に怖いことだと思います。

「臭い、汚い」を一番気にしているのは野宿生活者本人

次に、忘れられない話をします。神奈川県内の野宿生活者Gさんのことです。ある日Gさんを訪ねたところ、「足が痛い」と言うので、それだったら医者にかかったほうが良いということになりました。とはいえ、住所がない野宿生活者が医者にかかる場合は、生活保護を申請して医療扶助を受けなくてはならず、そのためには一度どこかの施設に入って住所を持たなければなりません。少なくとも当時はそのような運用で行われていました。福祉事務所と相談したところ、施設に入りたくないのであれば、足が痛いというくらいだったら市で予算を取っている一回かぎりの「緊急医療」で受けられるので、ひとまずはそれで医者に診てもらいましょうということになりました。

福祉事務所に相談に行くことになり、Gさんを迎えにいくと、「ちょっとトイレにいってきます」と

いって公園のトイレに入ったまま、なかなか出てきません。福祉事務所はわりと混み合っているし、早く行ったほうがいいのになあと思って様子を見に行くと、Gさんは多目的トイレで一生懸命に足を洗っています。なんで足なんか洗っているのかを聞いたところ、Gさんが「これから病院に行ってお医者さんに診てもらうんでしょう？　こんな汚ねえ足じゃ申し訳ないと思って」と言うのです。これには衝撃を受けました。

この一件は、支援者としての私の意識を大きく変えました。私自身はそれまでも野宿生活者支援に関わってきて、野宿生活者の人たちに対して、「臭い」「汚い」などと差別するのは間違っていることだと思っていました。けれども、実際には、誰よりも自分のことを「臭い」「汚い」と思い、他人にそう思われるのを気にしていたのは、当事者の野宿生活者だったのです。

そんなふうに自分のことを思ってしまっている人に対して、「なまけてないで頑張れ」と言っても、頑張れるわけがない。自分が臭くて汚くて、存在していること自体が申し訳ないと思っている人たち、足が痛くても医者にかかるという当たり前の権利意識も持っておらず、ただただ申し訳ないと思っているような人たちに、「働きに行け」と言ってもそう簡単に行けるわけがないし、そうできないのは決してなまけているからではないのだということです。自己責任論と社会的無理解により、自尊感情を奪われているからです。

野宿生活者を差別する人間や社会が間違っているという強い思いはありましたが、その野宿生活者自身がその差別を内面化して抱え込み、自分なんか何の価値もない人間なんだと思い込んでしまう。

このことを考えずに野宿生活者支援はできないのだと思いました。ちなみにGさんはそのときに病院に行き、消炎鎮痛剤をもらった後は痛みも治まって、気持ちも前向きになって、仕事を探すことにも前向きになれました。大事でなくて本当によかったです。「仕事を探しに行きます」と言い残して出かけていきいました。その後彼とは会っていません。

この数年後に、近くにあるカトリック教会の敷地内に、誰もが使える「みんなのシャワー」が設置されました。野宿生活者も、体をきれいにすることができるだけでも気持ちが明るくなるし、前向きになれる。本当なら、公園などにも「みんなのシャワー」があれば良いと思います。夏だったら、子どもたちがどろんこ遊びをしたあとにぱっとシャワーを浴びることができれば、助かるという近隣住民はたくさんいると思うのです。安心して遊ばせられますね。誰もが使える空間に誰もが使えるシャワーがあれば、その場所はとてもやさしい空間になる。設置するのも維持費も、そんなに多くの予算はかからないはずです。そういう場所があるだけで、この街で自分は生きていてもいいんだ、と野宿生活者の人たちも思える。そう思うことが生きる力につながるし、仕事を探そうと、頑張る気持ちになれるんです。そのようにとらえて社会を変えていかなければならないと思いました。自分自身、そこがまったくわかっていなかった。この経験は、私個人にとって、とても大きなものになりました。

野宿生活者は屋根のない近隣住民である

多くの人たちにとって、野宿生活者というのは、まだまだ理解されていない存在で、だからこそ、近所の公園に野宿生活者が暮らしていたら、迷惑だとか怖いとか、そういう発想になってしまいます。私は、野宿生活者というのは、屋根のない近隣住民ととらえてほしいと思っています。正確に言うならば、本来は屋根があったのに、屋根を失ってしまった近隣住民なのです。生活に困窮し、困難を抱えて住む家すら失ってしまった人たちが、何も社会保障を受けられないまま路上に来てしまった。そういう人たちなんです。

前述のように、実態調査の結果でも、野宿生活者の多くは安定していたはずの労働を長くしていた人たちです。困難を抱えたときにきちんとセーフティネットが働いていれば、野宿をしないですんでいた人たちです。働いていた工場でリストラにあって、自分の住んでいる地元で野宿生活者になった。人によっては、知り合いに会いたくないからとよその土地に行く人もいますが、生まれ育った土地だから、ひょっとすれば知っている顔に会えるかもしれない、その人が助けてくれたり仕事を紹介してくれるかもしれない、と思って地元で野宿をしている人もいます。地縁も血縁も捨てて就職した工場をリストラされて、せめて社縁でつながった人を求めてこの土地に残っている人もいます。もしくは家族が近所にいて、さすがに恥ずかしくて地元では野宿できないけれど、遠くには行きたくないので隣の市に野宿しているという人もいます。みんなさまざまな思いを持って、野宿場所を選び、この土地で暮らそうとしているのです。

野宿生活者に、「仕事をしたいですか?」と尋ねれば、ほとんどの人が「はい」と言うでしょう。野宿をしていても、多少でも仕事があればなんとか生きていけた時代がありました。しかしいまは、野宿生活者ができる仕事そのものが激減してしまっています。非正規雇用の中心が日雇い労働から派遣労働に変わる過程で、身分証明がないと働けないといった状況があります。

そんな中で野宿生活者の人たちはそれでも路上で生活し、生き抜いている。「就労」、つまり「賃労働」はできていなくても、アルミ缶を集める、コンビニの残物をもらって日々の糧を得るなど生きていくためにさまざまな工夫をして生きている。それだけの知恵と力を持った人なんです。そういう人たちが賃労働をしていないからといって、なぜ非難されなくてはいけないのか――。就労していない人は社会に存在してはいけないと言うのでしょうか。社会が認める賃労働ではないけれども、生き抜くための仕事は必ずしているし、そうでないと野宿は継続できません。

いまの社会は「就労」していなければ社会参加をしていないとみなされてしまう社会です。そういう意味では、野宿生活者や生活保護を受けている生活困窮者は、「就労」という社会参加の機会を奪われた人であり、就労によって何かを達成するという自己実現の機会を奪われた人でもあると思います。労働という社会参加から疎外された上に、社会からも排除され、尊厳を奪われて、ますます頑張れなくなってしまっているのです。

「厚生労働省全国調査」の全国V（2021年）によると、「今後の希望」では「今のままでいい」が40・9％と一番多く、4割以上の人が野宿生活の継続を希望しています。これは単に野宿で生活することを積極的に希望するというだけではありません。現状の生活保護等の選択肢だと選べるものがないので、今は何とか生活が回っているから野宿でいいという場合が多くあります。生活保護を受けると、今はだいぶ緩やかになりましたが、親族への扶養照会があるので嫌だという場合や、一度は生活保護を利用したが、「貧困ビジネス」のようなところに入れられてしまって、そんな生活をするなら自分のペースで暮らせる野宿のほうがマシだという人もいます。また、生活保護を受けたら、稼働年齢だったので就労指導が厳しく、生活保護を受けるぐらいならアルミ缶を拾って暮らしたほうがいいという人もいます。野宿生活は日々の糧を自力で得ることが前提なので、賃労働か他の都市雑業でアルミ缶を集めるとかコンビニの残物をもらうとかのような賃労働でない働き方かは別にして、働くことを嫌がる人はほとんどいません。しかし、賃労働では面接で選ばれなかった経験などもあり、働くことは嫌ではないが、就職活動は苦手だという人は結構います。そのため、「アパートに住み、就職して自活したい」は17・5%に留まってしまうのです。都市雑業などで日々の糧を得るための行為はしているのにです。

野宿とは究極の自立の形

私自身は、野宿というのは、究極の自立形態だと思っています。

（表）今後の希望

	全国Ⅰ（2003年2月）	全国Ⅳ（2016年10月）	全国Ⅴ（2021年11月）
きちんと就職して働きたい	49.7%	−	−
アパートに住み、就職して自活したい	−	21.7%	17.5%
アパートで福祉の支援を受けながら、軽い仕事を見つけたい	8.6%	12.8%	12.0%
就職することはできないので、何らかの福祉（生活保護や施設入所等）利用して生活したい	7.5%	10.1%	7.6%
今のままでいい（野宿生活）	13.1%	35.3%	40.9%

出典：厚生労働省全国調査の全国Ⅰ、全国Ⅳ、全国Ⅴをもとに著者作成。

自分で屋根を用意し、創意工夫をして日々の糧を得て生きている。本当の意味での自立をしている人たちは野宿生活者にはたくさんいて、彼らは決してなまけものではありません。自立支援の現場では「やり直しのできる社会を」という言葉がよく聞かれますが、彼らを排除し尊厳を奪った社会に戻ってやりなおすことが自立なのか？　そんな自立が本当に必要なのかということを考えてしまうのです。「やり直しができる社会」という言い方には、あなたは野宿生活者になるという失敗をした、だからそのことを反省して、やり直せ、という意味が含まれます。

尊厳を否定され、社会のお荷物だけど死なすわけにはいかないから面倒をみてやっているんだというような扱い。それが「やり直し」なのだとしたら、あまりにも息苦しいことです。

努力しないから悪い、野宿生活者になったのは自己責任だ、という社会が、彼らを排除してきました。野宿生活者支援というと、自立支援や就労支援がメインで、「早く社会復帰ができるように」とか、「やり直しのできる社会であるように」と言う人がほとんどです。けれども私はあえて言いたい。自分たちを追い出した社会に戻ることが「自立」なのか？　野宿生活者は人生に「失敗」した人なのか？　そこまで社会から排除されても生き抜いてきた力や工夫を失敗と切って捨てるように評価するやり方で、その人が本当に元気になれると思うのですか？と。

そうではなくて、社会参加の機会を奪われて排除されてしまったけれど、そんな社会にこそ問題があるのであって、あなたには希望を持って生きる権利があるのです、という方向にきちんとつなげていくことができなければ、本当の権利の保障にはならないと思うのです。

過去を否定させない、現在を否定させないということはとても大事なことです。もしかすると、それは良くない生き方であったかもしれないけど、そのようにしてしか生きられない状況だった、ということからまず理解していく。そのように考えることが、自分の尊厳を自分で取り戻すことにつながるのだと思います。

路上で生き抜いてきたことは、「やり直し」を求められるような、失敗者の経験ではない。むしろ、そんな状況で生き抜いてきたこと、生き抜く力を持った者であるということを自覚してもらいたいし、そこにこそ尊厳の回復への第一歩があると思います。野宿という過酷な生活を経験した人が、社会に不信感を持つのは当然のことです。そのような過酷な生活の中で生き延びてきた人たちだからこそ、語れる言葉があるし、その生き様を受け入れる社会でなければ、誰にでもやさしい社会は実現できません。むしろ、社会のほうが受け入れ体制を準備するなどの変化をするべきです。変わるべきは、野宿生活者ではなく、社会なのだということです。

自分が住む街が、住みやすく、やさしい街であってほしい。誰もがそう思うことでしょう。そういう街をどうやって作っていけばいいのか。子どもが野宿生活者を襲撃するようなストレスを抱えるような社会に、住みたいと思うでしょうか。むしろ安心して野宿ができるような社会であってほしいと、私は考えるのです。そして、困難の中を生き抜いてきた力が、正当に評価されるような社会が必要だと思います。

第5章　伴走型支援（パーソナルサポート）、よりそい支援とは

制度ではなく個人に伴走する

これまで触れてきたように、ひとことで「野宿生活者」といっても、そのような状態になるまでにはそれぞれさまざまな事情があります。しかも、厚生労働省や自治体が行ってきた野宿生活者実態調査を見れば、彼らが野宿生活に至った原因は、単なる「個人的理由」というよりは、むしろ社会構造の問題なのだということがよくわかります。

グローバリゼーションにより、安い人件費と原材料を求めて企業が工場を海外に移転したことで、国内の雇用のパイが激減し、産業構造が空洞化しました。働き口を失って生活が困窮した人たちの一番過酷な状況の人たちが野宿生活者になりました。また、野宿生活ではないものの、広義の「ホームレス」状態、つまりネットカフェ難民などもたくさん存在しており、その中には、親が団塊の世代でリストラされ、扶養してもらえなくなった50代などもいます。親が扶養していれば８０５０問題と言われた人たちです。

また、近年の自立政策支援施策は、就労自立に重点を置いていたので、その結果、就労による自

立が困難な高齢者や、さまざまな依存症に苦しむ人たち、慢性疾患に苦しむ人たち、障害のある人たちが施策から取り残されやすい傾向があります。このような就労自立が困難な層にもていねいによりそう施策が必要ですが、行政だけではとても不可能なのが現状です。そのような複合的な困難を抱えた人たちを、どのように支えていくか。その課題に正面から取り組もうとしていたのが、新しいセーフティネット事業のモデル事業として2010年に開始された「パーソナルサポートサービス」制度でした（この制度は、生活困窮者自立支援政策〈2015年4月施行〉に引き継がれることになりました）。

パーソナルサポートサービスとは、複合的な困難を抱えた人に対し、パーソナルサポーターと呼ばれる専門員が、公的サービスのコーディネートなどを含めて、個別的、かつ継続的、包括的な支援を行っていく支援のありかたで、支援を必要とする人に対し、本人の立場に立ち、一貫したよりそい型の支援を行うものです。2010年に第一次モデル地区として横浜市を含む全国で五つの自治体でスタートしましたが、モデル事業としてはわずか3年ほどで終了してしまいました。その後は生活困窮者自立支援法が成立し、新しい困窮者支援制度になりました。法案成立前に政権交代があり、「切れ目のない伴走型支援」が「切れ目のない就労支援」となり、現状では基本的には就労支援寄りの支援になっています。

パーソナルサポーターに求められる伴走的（個別的・包括的・継続的）支援で重要な理念は、①本人と向き合う支援、②本人の個別状況に合った支援、③継続的な支援、④予防的支援、⑤本人をとりまく環境への働きかけ、の5つとされています。これまでの政策は、制度が先にありきで、制度に合致しない人は支援から取りこぼされてしまうことが多々ありましたが、パーソナルサポーターは、制度ではなく「個人」に伴走する形を取るので、本人にあったオーダーメイドの支援ができるということです。

それまでも様々な支援制度はありましたが、たとえば福祉事務所のケースワーカーは、当事者が生活保護を受けている間は支援ができるけれども、生活保護が廃止された後は関わることができなかったし、病気で入院している間は医療ソーシャルワーカーが担当できても、退院後は関わることができないという状況がありました。けれども、パーソナルサポートサービスは、たとえばある場所で野宿生活をしていた人が、隣の市で生活保護を受けることになったけれど、再び野宿生活に戻ってしまったというような例でも、自治体をまたいで継続的な支援ができるようになりました。

当事者にどうよりそうか

個別的、継続的支援に加えて「包括的」に支援をするというのは、単にその人が「自立」できるようになるまで支援するということだけではなく、その人が自分自身のことをどのように捉えているのか、困窮を抱えてしてしまったのなら、なぜそのような困窮を抱えてしまうのだろうかと、自分自身を見つめ直していく作業を共に行っていくということです。本人の望むことがただ実現できるようにすることがよりそい型支援かといえば、そうではありません。たとえば、アルコール依存の人がお酒を飲むことを希望したからといって、飲酒させていたのでは支援になりません。かといってただそれを禁止するのではなく、しっかりと本人に向き合い、本人にも自分と向き合ってもらい、なぜアルコール依存になってしまったのか、しっかりと考えてもらって、そのうえで自分がなりたい自分、今後の生活のイメージを一緒に作っていくことがよりそい支援になるのです。仮に、再びお酒を飲んでしまうことがあっても、どんなことをしてしまったとしても、見捨てないよ、困ったらいつでも相談にきていいし、見守り続けていくよ、というスタンスがとても重要です。伴走型支援とは、希望した主訴によりそう支援ではありません。自己決定を支えていく支援です。

借金を繰り返してしまう人がいたとして、いま抱えている借金を返すことができたからといって、それがゴールではありません。そういう方の中には、自己破産をして普通の借金ができないので今度はヤミ金に手を出して、以前よりさらに悪い状況になってしまう人もいます。借金をしない生活のイメージというのをきちんと作っていかないといけないのです。

生活保護を受けて、自己破産をしたということは、ひとまずは借金がリセットされたということです。マイナスからのスタートではなく、ゼロからのスタートをして、そこからどこまで生活を立て直して、安定して持続可能な生活に向かっていくかということを考えていく必要があります。包括的支援とは、負債をリセットしたから終わりなのではなく、むしろそこからどうすれば安定的な生活に向かっていけるのかということを、当事者と共に考え、支えていく支援なのです。

野宿生活者支援においても同じことが言えます。たとえば、仕事を失って貧困状態になって、生活保護を受けるようになった人が、就労支援を受けて再び仕事を見つけて自分の生活費を自分で稼げるようになったのであれば、社会保障という意味ではそれをひとまずのゴールとして考えてよいのかもしれません。しかし、生活保護の支援を受けなくなったからといって、困った時に支えくれる人がいないという関係性の貧困は変わっておらず、この人間関係の貧困を改善することは重要です。また、人間関係の貧困を抱えていると、自分自身から疎外されてしまい、自己肯定感を削り取られていきます。たとえば、辛いときや苦しいときにちょっとグチや弱音を吐ける場や、理不尽な目にあったときにきちんと本人の権利性についてサポートしてもらえる場が必要なのです。そういう場が持てないまま、自分を追い出した社会に再び戻ることは過酷なことで、いずれまた追い出され、排除されることの繰り返しです。

「伴走型支援」という言葉はいまやだいぶスタンダードになっていますが、そもそもそれはどのような支援のことを指すのかという議論はほとんどされていないように思います。その人によりそうとはどういうことを言うのか。本人が望むことを応援するのが支援だと考える人はとても多いですが、その場合においてさえ、アルコール依存の人の飲酒のように、状況によっては当事者ではなく支援者がこれはOK、これはダメ、というように取捨選択している現実もあります。このような状態で正解を提示するやり方が、本人に向き合っていると言えるのか——。自己決定を支える支援になったいるのか？

まだまだ議論が足りていないと思います。

就労することが貧困と困窮からの「出口」でよいのか

私自身、野宿生活者の支援活動に30年以上関わってきましたが、その間、社会の状況にもかなり大きな変化がありました。特に、２００８年のリーマンショック以降は、派遣切りによって野宿生活者にもいままではいなかった層が現れました。稼働年齢層で、住み込み型派遣で働いていて、仕事と一緒に住居も失った人たちです。そこで政府は失業を理由とした生活保護の水際作戦をやめ、生活保護を柔軟適用しました。そのことで統計上の野宿生活者は減少したけれども、生活保護などの社会保障制度を活用しなくてはならない人は激増したのです。当時私も、今後の社会はどうなってしまうのだろう、この人たちは今後どこへいくのだろうと感じていました。生活保護が柔軟適用されるようになったということで入り口は緩くなったけれど、再び就労させればそれがゴールなのか、それを出口としてしまうやり方でよいのだろうか、と当時から考えていました。住み込み型派遣で働かざるを得ないということは、多くの場合は家庭に居場所がないということであり、家庭に本人を支える力がないということであり、もともとの出身世帯も困窮しているということです。

自立支援というと、就労による経済的自立をイメージする人は多いかもしれません。しかし実際には、すべての人がただちに就労できるわけではありません。単に就労活動の支援をするだけなら、ハローワークの機能を拡大すれば良いだけのことです。しかし、その人が仕事に就けるまでの支援だけでなく、その後も継続的に仕事を続けていけるように、再び困難な状況に陥ることがないように見守るような、予防的支援も必要になってきます。

ひとまず生活保護を受ければ、最低限の生活費や寝場所は確保できますし、寝場所があって生活費が保障されることで、職探しに安心して取り組めて、非正規雇用で無事に職を得られることで社会に参加ができ、自信を取り戻し、元気になっていく人ももちろんいます。しかし、生活保護を受けて寝る場所と最低限の生活費を得ることができても、抱えている困難が複雑かつ複合的な人は、その問題にきちんと向き合うことをしなければ、なかなかうまく暮らしていくことができないのです。そもそも自己肯定感が欠如していると、自信を持って新しいことに取り組むことはできません。生活保護の柔軟適用により、生活保護の水際作戦、つまり、さまざまな理由をつけて生活保護を受理しないような状況は少なくなりましたが、逆に、生活保護を受けた後に、厳しい就労指導を行うことで、利用者を追い詰め、生活保護を受けていることが嫌なことだと思うように追い込んでいくようなやり方が出てきています。

たとえば、不規則な時間に仕事をすることはできるけれど、決められた時間に必ず仕事に行くということが苦手だという人もいます。野宿生活者に限らず、タイムカードで管理をされるような働き方そのものが苦手だという人はたくさんいると思います。そのような人たちにきちんと「就労」することを求めても、そのこと自体を苦痛に感じる人もいます。それであれば、生活保護を受けずに、再び野宿生活者となったほうが精神的に追い詰められずに済むと感じる人もいるのです。

過去に仕事を退職に追い込まれる課程で経験したストレスでメンタルの問題を抱えてしまった人や、障害や病気を抱えていて働くことそのものが難しいのに適切なケアをされてこなかった人、もしくは、きちんとした就労経験がなく、仕事をすることに自信が持てない人もいます。そのような人たちに対しては、まず、働くということに自信をつけてもらうところから始めないと、なかなか本質的な問題は解決しません。一番大切なのは、安心していられる場所があるということ、そして、社会的な役割という出番があるということです。

過酷な労働現場に戻すのが自立か

就労支援と称して、かつてその人を追い出した過酷な労働現場や社会に再び戻すことを、自立支援と呼べるでしょうか。時間が経って、以前よりも年をとり、気力も体力も落ちている人を再びより厳しい競争の場に飛び込ませることが本人に対するよりそい支援になっているかも疑問です。「就労」することに価値があるとされる社会で、そこで頑張り抜かねば自分には価値がないと評価する社会では、無理して頑張りすぎて過労死してしまうかもしれない。過酷な労働環境で病んでしまうかもしれない。働くことによって、上司から「無能」と言われて、自己評価がどんどん下がっていく人もいます。ウツで休職する人なんて数えきれないほどいます。これが現状です。

「仕事をしたいですか」と尋ねられれば、野宿生活者も生活困窮者も、生活費は必要ですから、多くの人が「仕事がしたい」と答えるでしょう。けれども「仕事を探しています」という言葉の裏には「仕事を辞めてしまった」という苦い経験があり、仕事が続かないという挫折感があったりして、自信を失っている場合があります。せっかく仕事ができたのだから、頑張って仕事していきましょうと言っても、過酷な労働現場で自分をすり減らしてメンタルの問題を再び抱えてしまうようなことになれば、そのケアをきちんとしない限り、また働けなくなってしまうし、生活も安定しなくなってしまいます。仕事がなければ当然収入もないので、経済的貧困の問題も当然抱えることになります。

過酷な仕事でうつになって働けなくなったという人がいたとしても、必ずしも仕事のストレスだけが原因でうつになったとは限りません。そもそも本人に発達障害などがあって、働くことそのもの、慣れない人間関係の中で過ごさなければいけないことそのものがストレスになっている人もいます。それで仕事を継続できなくなってしまったとしたら、その人に対しては、雇用の問題やうつの問題だけでなく、発達障害に対するケアもしなければばいけない。発達障害の二次症状としてうつが出ることは多々あるのですから。相談員はこのような状況も想定して見立てていかないといけないのです。生きるために仕事が必要だからといって、本来ケアされるべきものを放ったらかしにしたままで仕事をさせていれば、いずれ大きなハレーションが起きます。一番ひどい場合だと、自殺にも繋がりかねません。

せめてこの程度の想像力を持てなければ、困窮者支援などできないし、するべきではないと思います。困難を抱えた人たちのその裏にあるさまざまな問題を、相談員がきちんと見立てられる状況を整えなければ、何度も同じことが繰り返されてしまいます。限られた椅子しかない椅子取りゲームのような競争社会で、分配を偏らせて、一部の大富裕層と、働いても働いても楽にならない非正規雇用の困窮層が作り出され、誰かからの収奪で肥え太る人がいる一方で、たくさんの人が貧困にあえいでいるのが現状です。多くの生活困窮者が生み出されることによって成り立っているのがこの社会なのです。困窮した人たちを「自己責任」と切り捨てる社会はとても過酷な社会です。いま、私たちの目の前にいる生活困窮者たちは、そんな社会の中で排除された人たちです。そのような社会構造を見据えた上で、きちんと本人と向き合い、話を聞き、本人の抱える問題を一緒に受け止めていくことが、伴走型支援です。そこまでのことが求められているのだということを、相談員も自覚する必要があります。そのことを意識した支援をしないと、本当の支援にはならないと思います。

相談員自身が社会状況に向き合うこと

伴走者として当事者と向き合うことは、その人を現在の状況に追いやった社会状況や社会の支配的価値観、そして支援者・相談員自身の価値観とも改めて向き合うことでもあります。相談員自身も、このような状況を作り出している社会状況や社会的価値観と向き合わなければなりません。相談員自身も学び、成長していかないと、当事者を取り巻く問題を根本的には理解できないし、理解できないということは、本人を苦しめた社会の「模範的な価値観」を当事者に押しつけることになります。

たとえば、野宿生活を送っている人たちの中には、発達障害や知的障害などのハンディを持っている人が少なくありません。障害があってただでさえ生きにくいのに、適切なサポートや社会保障も受けられない。中には万引きなどの軽微な犯罪を何度も繰り返してしまうような人もいます。子どものころに家庭や学校で適切なケアを受けていれば、本人も自分自身の特性や課題についての自覚や対処ができるのですが、多くの場合は、親も貧困だったりして、余裕がなく、適切なケアを受けられないまま大人になってしまった人も多いのです。

リーマンショックと団塊世代

高度成長期に一〇代だった団塊の世代と言われる人たちの場合、当時は、学校の成績など二の次で、とにかく中学校さえ卒業できれば、体力があれば肉体を使った仕事に就けました。「金の卵」と言われて、上京して集団就職をして、数学なんかできなくても、建築現場で矩尺《かねじゃく》の使い方を覚えれば、図面が描けました。理屈ではなく体で覚えるような形で手に職をつけていくことができたのです。工場にまじめに出勤して同じ作業を繰り返す単純労働者でもライン工と呼ばれ、職人として扱われ、高度成長期の右肩上がりの経済成長を前提としている時代においては、安定して生活していくことはできたのです。でも、1990年代後半のちょうどその世代が定年間際の50代になるころに、終身雇用制が崩壊するグローバリゼーション（経済のグローバル化）が起きたわけです。この世代の人たちの野宿生活者が多いのは、そういった理由もあります。

古くからの野宿生活者は集団就職で、地縁・血縁を断ち切って都会に出てきた人たちも多いので、ふるさとに戻るところはないし、家族や親戚ともつながりがきれてしまった。そもそも家を出る時に、「これからは自分の力で生きていけ。ただいまと帰って来たらぶっ飛ばすからな」のように言われて都会に来た人もいます。そういう人たちが解雇されて、仕事で頼れる人脈もない。地縁・血縁・社縁という3つの縁から排除されて、経済的貧困だけではなく人間関係においても貧困状態にある人たち、そういう人たちの一番過酷な形が野宿生活なのです。貧困の問題を、単なるお金のあるなしの問題で捉えてしまうと、見落としてしまうことがとても多くあります。

リーマンショックは、稼働年齢層の比較的若い世代にも大きな影響を与えました。多くの派遣労働者が住まいを失うほどの困窮状態に追い込まれました。30代・40代の若い世代も多くいました。親がまだ生きて元気でいるような世代ですが、親に余裕があって頼れていれば、野宿をする必要はないわけで、おそらく、親も経済的な貧困状態であることが想定されます。戻りたくても戻る場所がないのです。また、貧困であるがゆえにお互いに余裕がなく、家族関係も悪化し、家に戻る状態にないという可能性もあります。だから、派遣村に若い世代の人たちも多く集まったのです。

新型コロナウィルス禍やリーマンショックのような、社会が想定できないほどの大きな変動が起こったとき、雇用と住まいを一度に失ってしまうような人が出てきますが、それはもともとこの社会にあった格差と貧困が目に見える形で吹き出しているに過ぎないのです。

団塊の世代の、「頑張れば豊かになれる」「継続して努力していれば報われる」といったような、かつてはあったはずの社会の価値観は、もう通用しなくなってしまいました。そのような中でより必要となるのが、本人と向き合う支援となるわけですが、これは、本人に課題を突き付けて向き合わせる支援という部分があり、ある意味では本人にとってとてもしんどいものになるわけです。同じ課題は、私たち支援する側にも突きつけられています。支援者の側こそ、かつて私たちが想定していた社会や、こうあるべきだと設定していた未来像とは違う現実があるということをしっかりと理解するべきです。その構造をしっかりと見据えなければならないし、自分の持つ模範的な価値観を捨てないと、現実の生きている相談者と向き合うことはできません。

貧困が連鎖している世帯全体のケア

現在の日本ではかろうじて、野宿生活者の親から生まれた子どもがそのままストリートチルドレンとして再生産されるというような状況にはなっていませんが、親が非正規雇用になったり失業したりして世帯が困窮してしまうと、子どもが進学できなかったり、正社員として就職もしにくかったりします。そもそも「子どもの貧困」は、経済格差の問題であり、「親世代の貧困」であり、「世帯の貧困」でもあるのです。

また、親がいるのに頼れず、野宿をしなければならないほどの貧困状態に陥っているということは、その出身世帯も何らかの問題を抱えている可能性があります。その課題に向き合ってケアしていかない限り、その人の生活が安定していくのは難しいでしょう。若い人たちを苦しめる貧困問題は、実際には親世代の貧困や世帯の貧困からつながっていて、解決のためには子どもだけではなく親が抱える困難についても向き合っていかなければならないと思います。そこまで分析し、理解し対処していかないと、伴走型支援とは呼べないと思います。伴走型支援とは、その人の人生や環境、社会を包括的に見て、生き抜いていく力をつけてもらうような支援です。あるいは困難な中を生き抜いてきた自分の力に気付いてもらう支援なのです。

関係性の貧困へのケア

「生活困窮者自立支援法」における支援対象は、「現に経済的に困窮し、最低限度の生活を維持することができなくなるおそれのある者」と記述されています（第二条）。実際、私たちが支援する生活困窮者の多くは、最低限の生活費も稼ぐことができない人たちです。ではその人が生活保護を受けられるようになり、なんとか仕事にも就けることになったのならば、もう問題も解決し、支援する必要がなくなるのでしょうか。そんなことはありません。

たとえば、生活保護を受け、就労支援を受けて、なんとか仕事が決まりそうになっても、いちど野宿生活者になってしまった人は、人間関係の貧困を抱えているので、保証人がいません。身元保証人がなければ正社員になることもできません。家賃を払えるだけのお金が準備できても、いったん家を失った者は連帯保証人がいなければアパート契約もできません。もちろん、保証会社などを利用して契約することもできますが、どちらにしろ、緊急連絡先は必要になります。緊急連絡先というのは、その人と連絡が取れなくなった場合にその人と連絡する役を引き受けてくれる人のことです。人間関係の貧困があり、誰もその人の連絡役を引き受けてくれなければ、住まいをもう一度契約するのは難しいのです。

頼れる親や親戚、仲間がいなくて社会的に孤立している人は、家を借りることすらできないという厳しい現実があります。野宿生活者の場合、様々な事情から過去の人間関係がすべて断ち切られてしまっている人も多いので、せっかくの再出発の第一歩から、つまずいてしまうようなことが起こるのです。このような関係性の貧困が、ときに経済的貧困よりも人間をより過酷な状況に追い込むのだということは、きちんと把握されていかなければならないことだと思います。

生活困窮者支援においては、その人の過去の行為を失敗と捉えず、まずはありのままに受け入れて、基本的な安心感を得てもらうことがとても重要です。その上で、少しずつ生活のイメージを作り、その人が今後どのように生きていくのか、どのように生きたいのか、自分が少しでも幸福に思える状況をイメージしていく。まずそのイメージによりそっていくことが重要です。就職や就労の継続は、あくまでもその延長線上にあるに過ぎないのです。

かつては、住民同士の支え合いというと、地域の民生委員や自治会長のような人たちがボランタリーワークとしてそのような役割を担っていました。そういう人たちの多くは、比較的時間に融通がきいて、日常的に地域に密着している地元の自営業の人でした。そこにはさまざまな縁をつなげるしくみがありました。自治会の人がやっている地元の店で、継続的な仕事は難しかったとしても、「明日は棚卸しや倉庫整理の仕事があるからちょっと手伝ってよ」とか、「終わったら一緒に飯でも食べようか」というような人間的なつながりがあって、それが社会的孤立を防止するつながりにもなっていたはずです。しかし現在は、そのような社会的受け皿が減ってしまって、いまでは民生委員どころか、地方議員のなり手もいないという状況です。

町の電気屋や文房具屋、八百屋も姿を消して、人々はみな大型スーパーや大型量販店で買い物をするようになり、個人の商店は大資本に飲み込まれてしまい、フランチャイズ店に取って代わられてしまいました。そんな中で、いま私たちが考えるべき伴走型支援のひとつの形は、かつてはあったけれどもいまは失われてしまった縁の代わりになるような、新しい関係性を作っていくことです。

「生活困窮者自立支援法」では、基本的には就労支援、就労に近づけていくための支援をベースにしているので、就労準備支援というような形で、就労に近づけていくためにお試しの仕事を少しずつ始めていくような取り組みも行われています。しかし、そのようなジョブトレーニングが、労働者の無賃労働になっている側面もあります。働いても賃金をもらえないと、自己評価を下げることもあります。働くということを、経済的貧困から抜け出す手段とだけ捉えるならば、ちゃんと「就職」して安定した賃金を得るにこしたことはありませんが、働くということは、社会参加であり、新たな人間関係を作っていくチャンスでもあります。そう考えれば、むしろ企業相手のジョブトレーニングではなく、地域にあるワーカーズ・コレクティブのようなところで、地域で暮らす生活者の人たちと人間関係を作りながら仕事に慣れていくというような形もあると思います。

個人史の聞き取りの意味

寿支援者交流会では、野宿生活の経験のある人たちの個人史の聞き取りを活動として20年以上行っています。繰り返し伝えているように、野宿生活者は経済的困窮者ではあるけれど、その困窮の中を、住民票も持たず、社会的支援も受けず、携帯電話などの連絡手段も持たずに生き抜いている、困難の中を生き抜く力のある人たちです。その生き方は、「模範的」「常識的」というものとはほど遠いものですが、窒息しそうなウルトラ管理社会にあけた風穴であり、ある種の異議申し立てでもあります。国の「正史」と呼ばれるものは常に為政者側の視点で語られているものです。しかし、実際の社会は多くの名もなき者が作り出しています。大多数の人間は名もなき者として生き、名もなき者として死んでいくのです。だからこそ、困窮者が自らの目線で物語ることは、非常に大きな意味があります。

野宿生活者のライフヒストリーをありのままに聞いていると、自らを語ることによって自分にも語るべき人生があった、語るべき思い出があったと、うつむいていた顔を少しずつ上げて話してくださるようになります。自らエンパワーメントしていくような感じです。自分自身で自分の生きてきた意義を見つけていく作業です。「日雇いみたいないい加減な仕事しかしてこなかった」と言っていた人が、日々雇用日々解雇の中で仕事を探し続け、仕事を獲得し続けてきた、そのようにして生き抜いてきたということに気付く瞬間です。もちろん、仕事を得続けるためには、技術を磨いたり、時にはあえて日雇い寄せ場の職安前に野宿したりして、石にかじりついてでも仕事を確保してきたという自らの生きざまを確信する瞬間でもあります。

これから訪れるであろう総貧困時代に、彼らが生きぬいてきた知恵や技や力にこそ、学ぶべきものがあると私は考えます。どんな窮地にあっても、野宿生活者のように生き抜ける方法が必ずあるのだと思います。「自己責任」といって自分を追い出した社会に戻す支援ではなく、生き抜いてきた自分自身の力を確信し、自己肯定感を回復させる支援こそが必要です。そういう意味でも、個人史聞き取りには、重要な意味があると感じています。

聞き取りをしていると、野宿生活者になった年齢は50代前後だったという人は多く、データ上でも、50歳以上で野宿をするようになったという人が圧倒的に多いです。それはどういうことかというと、40代までは、しっかりとした雇用でなくてもなんとか食いつなぐ程度の仕事はやれてきたということです。

人によっては中学校を出てから30年以上、日雇い労働を続けてきたという人もいます。しかしそういった自分について、本人は「自分は日雇いみたいないい加減な仕事しかしてこなかったのだから、いろいろ言われてもしょうがない」「貧困になるのもしょうがない」という言葉ばかりが出てくるのです。社会の風潮に押され、自分で自分自身から疎外されてしまっているのです。しかし、これは言い換えれば、会社に雇用されなくても、生活保護の世話にもならずに身一つで働いて自分を養ってきた力があったということであり、30年間、日々自分で仕事を探して生きてきたということでもあります。30年も日々雇用日々解雇でも仕事を探し続け、生活をしてこられた能力は、正当に評価してしかるべきことだと思うのです。

この社会で生きていける、と思える実感を

人間関係の貧困がきちんとケアされたとき、人間はすごく大きな力を発揮することができます。いままでは、自分なんて何の役にもたたないし生きている価値もないと思い込んでいたような人たちが、地域で自分たちの居場所を見つけて、新しい関係性を作っていくなかで、生きる力を得ることができる。「就労」というのは、単にお金を稼ぐというだけではない、とても大きな力になることもあるのです。もちろん、お金を稼げるということで自信につながることもあります。しかしそれ以上に、あなたはこの場所に存在しているよ、この場所に存在していていいんだよ、という社会参加の場を得られることが一番大きいと思います。それをありのまま周囲が受け止めてくれるということ。それが生きる力につながるのです。

たとえば、家庭の貧困で、子どものころ修学旅行にも行けない子がいます。それは単純に旅行に行けなかったというだけではなく、学校生活の中でみんなと共有できる思い出から疎外されてしまうということでもあります。家族機能の重要な機能の中に、「思い出の共有」があります。たとえば、「この子は6年生のとき、初めて運動会のかけっこで一番を取れたんだよ」という思い出を共有している人がいれば、その子にとってはそれは大事な思い出であると同時に、生きていく自信にもつながります。それは、大人であっても同じことです。家族機能が弱いということは、まさに人間関係の貧困の中で、自己肯定感を失わせます。

良い思い出であれ、辛いことを乗り越えたという経験であれ、自分がどういう人間でどういうふう

に生きてきたのか。誰しも毎日ドラマがあるわけではないけれど、日々のそうした小さな思い出や体験が積み重なっていまの自分があります。周囲にそれを共有したり、認めてくれる人がいることが、いまを、そして未来を生き抜く力になります。すべての人が個人として尊重され、幸福を追求する権利がある。それは憲法にも記された当たり前の権利です。いまは辛くとも、その人の中に自分が幸せだと思えるイメージがあれば、もう少し頑張ろうと思うこともできます。けれども、これまで生きてきた中で、自信を失わされ、あまりにもいろいろなものを剥ぎ取られ、奪われてしまった人には、もうその「幸せな状態」はイメージできなくなってしまっているのです。「頑張ろうにも頑張れない、努力しようにも努力できない」。そもそも、幸せな状態がどんなものだったかも思い浮かべられないほど追い詰められた状態なのです。この人たちに必要なのは、まず、自分たちがありのままに受け入れられる場所があり、この社会の中で生きていてもいいんだと思える基本的な安心感です。そういう状態が確保されて、やっと次の一歩が出てくるのです。

伴走的支援とは、いわばその人の喜怒哀楽を一緒に共有するような支援、そのような思い出や感情があったことをその人自身にも思い出してもらうための支援です。それは、私たちが継続してやっている野宿生活者への個人史聞き取りでも強く感じることです。自分の人生を物語っていくこと、その行為そのものが困難の中を生き抜いてきた自分自身の力に気付き、生きる力になっていくということです。自己肯定感を回復していく場なのです。

伴走型支援には、就職、自立、というような結果よりも、むしろその目標達成の過程において、本人が元気づけられてエンパワメントされていくような状況をコーディネートしていく力が求められます。少なくとも私たちが考える伴走型支援とはそういうものです。「仕事」というものを、賃金労働としてだけ捉えるのではなく、社会参加でもあると考えることです。本人が社会参加ができていると思えて初めて、この社会には自分の居場所があり、安心して生きていける場所があり、努力することにも意味があると思えるのです。それは、とても大切なことであり、継続的かつ包括的に、しかも個別的な支援でなければできないことです。

生活困窮者の中には、自己肯定感などとても持てないような環境で育ち、働きだしてもやりがいのない労働で使い捨てられて、社会から排除されてきた人たちがいます。その人たちにもう一度、社会参加をしてもらう。自分を追い出した社会に戻ってもいいと思ってもらう。人間のつながりを信じてもらう。そのために私たち支援者も動いている。そのことを私たちもきちんと自覚することが重要だと思います。

第6章　新型コロナ禍で何が起きているのか

隠れた不安定居住層の顕在化

2020年4月7日、新型コロナで緊急事態宣言が出されました。そうしたら、とたんに住居確保給付金がクローズアップされ、野宿者以外の一般の人からの家賃についての相談が相次ぎました。ふだんは自分を貧困層だとは思っていなかった人たちが、とたんに家賃の支払いに不安を抱え、住居確保給付金の申請が激増してしまったのです。

住居確保給付金というのは、リーマンショック後にできた、第二セーフティネット事業です（当初は「住宅支援金」と違う名前でした）。生活保護の住宅扶助部分を、単独で、期限付きで給付するものというイメージでみてもらうと分かりやすいと思います。要は家賃の支援をする制度です。名前が「住居確保」とついているので、たまに、敷金・礼金を出してくれるんじゃないかと思って相談に来る方もいるのですが、そうではなく、月々の家賃のみが対象の制度です。また基準は、生活保護の住宅扶助と同じなので、横浜市なら単身者の場合月5万2000円、2人世帯だと6万2000円、3人以上5人までの世帯だと6万8000円まで、神奈川県内だと県域なら単身者は4万1000

など、それぞれ県ごとや級地ごとに基準があります。政令指定都市や中核市はまた別の基準が設けられています。

これは２０２０年４月に法改正がありました。それまでは失業か廃業でないと給付されなかったのですが、新型コロナウィルスによる減収でも対応するということになりました。

下の表を見てください。横浜市の住居確保給付金の実績ですが、コロナの前、２０１９年度までは年間の申請が１３８件（決定は１１１件）しかなかったのが、２０２０年は９月までで申請が４０１６件と、約30倍です。下半期も合わせると５３９９件で約40倍にもなります。決定がまだ少ないのは、決定までに時間がかかっているからで、これがほぼすべて決定されました。

この制度は、3カ月ごとの更新で、最大9カ月までです。ですから、２０２０年４月のコロナによる減収から給付が始まった人は年内12月までしかもらえません。ということは、その人たちにとって、今後家賃が支払い続けられるか、ひいては住む家が維持できるかという不安は、常につきまといます。

このように、仕事が止まったとたんに家賃が払えなくなる状態の

（表）横浜市住居確保給付金の推移　（単位：件）

年月	申請	決定	年月	申請	決定
2019 年度	138	111	2020 年 10 月	203	230
2020 年 4 月	455	47	2020 年 11 月	165	177
2020 年 5 月	1,488	713	2020 年 12 月	150	167
2020 年 6 月	1,073	1,338	2021 年　1 月	186	125
2020 年 7 月	469	731	2021 年　2 月	266	180
2020 年 8 月	276	360	2021 年　3 月	413	268
2020 年 9 月	255	250	下半期計	1,383	1,147
上半期計	4,016	3,439	2020 年度計	5,399	4,586

出典：筆者が横浜市に聞き取りをおこない、作成。

人は、明らかに貧困層です。年収300万円以下の層、つまり貯金のできない労働者層は余力ゼロで、もともと「なにか」が起きるととたんに暮らせなくなる可能性があり、家を失う恐れのある人たち、つまり野宿の一歩手前の状態の人たちということです。そもそもいまの社会が、低賃金のこうした見えない困窮者をたくさん生み出すシステムであったといえるのです。

アベノミクスで好景気？　オリンピックで絶好調？

これはいま、たまたまコロナで緊急事態宣言になったから大変だという話になっていますが、人間誰しも死ぬまで働くことはできません。ですから余力がないということは、定年退職したり、年齢的に働くことが難しいとなった時点で、老後破たんする人がすでにたくさん作られていたことが、明らかになりました。コロナはきっかけに過ぎず、老後破綻予備軍がいかに多いかを浮き彫りにしました。

しかしマスコミが流していた世の中の経済状況はどうだったでしょう？　アベノミクスで好景気が続いていると言われていたのではないのですか？　しかもオリンピックをやるぞ、再開発だ、景気いいぞって話だったのではないのですか？　……つまり私たちはそう思わされていたわけですが、その影で起きていた実情は、かなり深刻だったということがわかります。

厚生労働省の国民生活基礎調査から、3年ごとに行われる大規模調査のデータを見てください（次のページ）。

最初のデータが第一次安倍政権の2007年です。第一次アベノミクスで好景気の時です。そのあとリーマンショック直後の2010年、第二次安倍政権ができてアベノミクスが始まったのが2013年、つづく2016年、19年でアベノミクス真っ只中で好景気と言われていて、まだコロナも関係のない時です。比較するために1995年のデータも見てみます。このデータで私が確認した一番古いものが1995年だったのですが、バブル期だったらもっと高い数字だったはずです（バブル崩壊は92年）。95年はバブル崩壊後ですが、まだいまよりはるかに景気が良かったようです。

下の所得の表を見てください。95年は664万円が平均年収となっています。平均年収は「平均」ですから、すごく収入の高い人がいたら、平均値はあがります。そのため、実態を反映するのが「年収中央値」になります。中央値は年収が高い人から低い人を並べて、真ん中になる人の数値です。95年はバブル崩壊でも545万円です。ところがリーマンショック前の、比較的景気が良かった2007年の時でも、平均年収が約100万円、年収中央値が90万円以上少なくなっています。

リーマンショック直後の2010年の年収中央値は438万円で

（表）所得の変化

調査年	2007年	2010年	2013年	2016年	2019年	1995年
	第一次安倍内閣	リーマンショック後	第二次安倍内閣			バブル崩壊後
年収200万円以下	17.9%	18.5%	19.4%	19.6%	18.6%	14.1%
年収300万円以下	30.8%	32.0%	32.7%	33.3%	32.2%	23.5%
平均所得（円）	566.8万	549.6万	537.2万	545.4万	552.3万	664.2万
中央値（円）	451万	438万	432万	427万	437万	545万

出典：厚生労働省「国民生活基礎調査」をもとに著者作成。

す。2019年の年収中央値は、アベノミクスでしかもオリンピックを目前にした絶好調状態なのに、ほぼ同じ額の437万円です。平均所得で見ると、2・7万円だけ上がっていますが、実態を示す中央値は変わりません。つまりアベノミクスは格差を広げただけということがわかります。過半数の国民にはプラスの影響をもたらさなかったということがいえます。しかも、消費税は5％から10％に上がっていて、消費税が上がった分、実質、自由になるお金は目減りしているということは明らかです。

年収200万円以下と300万円以下の数値を見てください。年収200万円以下はワーキングプアといわれます。300万円以下もほとんど貯金のできない、余力のない層です。1995年の段階では200万円以下が14・1％、300万円以下が23・5％でしたが、2007年になると、300万円以下が30％を超えています。その後は、若干のバラつきがあっても、ずっと3割以上を維持しています。これで、アベノミクス景気と言われながら多くの人たちは取り残されていた、何の恩恵も受けていなかったことがわかります。それどころか、平均所得が上がったところがあっても、中央値は変わっていない、リーマンショック直後とほぼ同じということですから、ずっと景気低迷が続いているということです。失われた10年どころか30年なのです。

この数値からも、だらしない人だけが困窮しているわけではないのは明らかだということです。年収300万円の人はたくさんいるわけですから。この年収で、単身者ならなんとかやっていけるかもしれませんが余力はなく、とくにシングルマザーだと、子どもが病気をしたりして長期では働けないと貯金どころか、家賃も払えなくなる可能性もある。こういう人たちがたくさん創り出されていたということです。

貧困層への分配は

そのようななかで、生活保護費は減額が続いています。もし景気が良いなら、最低生活に必要なお金というのは上がっていかなければいけないはずです。それが社会にお金が回っているという状態です。ところが実際は、次のように減額が続いています。

2013年7月〜　3カ年かけて生活扶助費最大10％減額
2015年7月　住宅扶助費、減額改定
2018年10月〜　3カ年かけて生活扶助費最大5％減額

2015年の住宅扶助費の削減で、神奈川県内の政令指定都市や中核市以外の県域の市は、それまで月4万6000円だったのが、4万1000円に下がりました。経過措置はあったものの、契約更新時に家賃を基準額以内に下げてもらえないと、基準内のより低家賃のところに転居を求められることになりました。そのようなところは、駅から遠かったりして、より不便なところになるため、通勤が不便になり、仕事を続けることが難しくなったり、そもそも仕事探しがしにくくなったりして、結果として就労による自立がしにくい状態にされています。

しかもそれで終わらず、すでに10％下げた生活扶助費を2018年から3年かけてさらに5％の減額がおこなわれます。2013年から始まった、この「最低生活費が下がっていく」ということについて、生活保護を利用している人たちは、自分たちの権利が切り下げられたと受け止めています。最低限の文化的な生活の保証とは、国の見解として、平均的な所得の6割程度を保障することだとしていました。ところがこの6割はすでに満たしたということで、貧困者の下位10％と比較して基準額を決めるのが生活保護で保障する最低生活だということになりました。

生活保護も受けていない下位10％といいますが、生活保護を受けていないということは病気をした時に医療費がかかります。なので、同程度の現金収入の年収200万円ぐらいの人は、不安でお金を使えません。病気の時のための医療費や働けない期間の家賃などの最低限度の貯金はしなくてはいけないと思うと、こわくてお金を使えません。そういう人たちを基準にすることで、結果として金額がどんどん下がっていきます。

さきほど見たように、平均年収は変わらなくて、消費税も上がり、水光熱費や食料品などの物価も上がり、自由に使えるお金はどんどん少なくなっていきます。国民の最低生活レベルは下がっていく一方です。格差が広がり、構造的に分断が生じるような状況になり、結果、貧困が大衆化されています。

非正規雇用の拡大

こうした中で、もう一つ注目したいのが、非正規雇用の拡大です。

日経連（日本経営者団体連盟）が1995年5月に「新時代の『日本的経営』――挑戦すべき方

向とその具体策」という提言を出しているのですが、日本型伝統雇用形態である終身雇用制で、年功序列型の賃金という制度を改めて、雇用柔軟型の労働（非正規雇用）を増やして、人件費を抑制するということを考えたようです。労働者をいわゆる伝統的正社員の「長期蓄積能力活用型グループ」と、派遣などの専門職に近い「高度専門能力活用型グループ」と、非正規雇用の「雇用柔軟型グループ」の3つの類型に分けて、いわゆる正社員は1～2割程度でよく、多くの労働者は雇用柔軟型にするというものでした。

バブルの頃にフリーターという働き方ができ、「企業に縛られない新しい働き方」としてもてはやされました。たしかに景気がいい時は、売り手市場ですので、労働者が自分の働きたい時に、働きたい会社で働くことができるという側面もありましたが、景気が悪くなると、仕事を探すことが大変なので、仕事があれば嫌な仕事でもしなくてはならないし、失業するリスクも高くなります。

それまでの労働者は、基本的には終身雇用・年功序列賃金で雇われていましたので、不景気でも解雇されることはまずなく、社畜と呼ばれて会社に尽くさなくてはならない面もありましたが、会社にしがみついていれば、経済的には安定した収入が見込め、生活が安定するという利点もありました。ただ、正社員を終身雇用でずっと期間の定めのない労働者として抱え続けるということは経費がかかるということでもあります。より安く製品を作るためにも、雇用を柔軟化して、非正規雇用の労働者をたくさん作り、人件費を削減するということがこれからの経営には必要だとされました。その結果、90年代後半にはグローバリゼーション化し、単純労働は減少しました。日本の雇用のパイは海外に行ってしまい、リストラといって正社員の首切りも可能になり、多くの失業者を生み出しました。

単純労働が海外に行ってしまうということは、どういうことを意味するでしょうか？　多能工化が進むということであり、まじめで一生懸命、無遅刻無欠勤で働くけれど、不器用で単純労働しかできないという人は雇用が継続されないということです。まじめであることは評価の対象ではなくなるのです。終身雇用の時代であれば、まじめに無遅刻無欠勤で働いていれば生活が安定していました。ところがグローバリゼーションによって常に競争にさらされるようになると、単純労働でライン工と呼ばれてねじを毎日まじめに締めていた人が、それだけでは雇い続けてもらえなくなってしまったということです。単純労働は海外に行ってしまって日本には単純労働が減少しているからです。いまは、「多能工化」といって、いろいろな内容の仕事をこなせないと雇用が続かないのが実情です。まじめであるだけでは雇われ続けられず、リストラされてしまう。たとえばそういう人たちが非正規雇用として働くことになり、結果として雇用が安定せず、老後資金も貯められず老後破たん予備軍にもなっていくようになりました。

次のページの非正規労働者率の表は、総務省統計局の「労働力調査」をひもといて作りました。おおまかに言うと、１９８４年はバブル前で、好景気までとは言わないけれど安定した経済状況でした。このときは15・３％でしたが、バブル（１９８６～91年）で18・３％、バブル後の92年でもまだ20・５％でした。バブルの頃から「フリーター」という概念は出ていて、たしかに非正規雇用は増えてはいるけれど、せいぜい2割程度でした。まだまだ日本は「男性稼ぎ手モデル」いう形態で、男性が働きに出て、家事・育児は女性が専業主婦として行ない、子育て後に主婦がパート労働をするという形態です。非正規雇用はバブル崩壊後にグローバリゼーション時代になり、海外の安い労働力をあてにできるようになったので、いっきに増えていき、99年に労働者派遣法を改正し、派遣できる業種を拡大して、2002年にはほぼ3割、アベノミクスで景気が良いという2007年でも3割以上の人が非正規雇用でした。さらに第2次アベノミクスが叫ばれた2019年は、もう38・3%、4割弱の方が非正規雇用になっています。柔軟型の雇用で使い捨てられる可能性の高い労働者がこれだけ増えています。

「労働力調査」を見ると、この非正規雇用は、20代と50代に多いのです。50代は正社員だった人がリストラされ、使い捨てられた世代です。20代は就職激戦の世代です。先輩世代が正社員の椅子に座ってしまって空きがなく、なかなか正社員では雇ってもらえないことが多い世代です。また当然ながら女性のほうが非正規雇用が多いです。まだまだ初職は正社員という人も多いですが、これは長期キャリアパスを意味するものではなく、途中で転職前提の正社員であり、転職後はずっと非正規というパターンが多いです。

日本型資本主義というのは、すでに第2章で述べたように、いわば「母性」と「父性」を併せ持つものだったと思います。少なくとも90年代後半のグロー

（表）非正規労働者率

1984 年	1988 年	1992 年	1997 年	2002 年	2007 年
15.3%	18.3%	20.5%	23.2%	29.2%	33.5%

2010 年	2012 年	2019 年
34.4%	36.7%	38.3%

出典：総務省統計局「労働力調査」をもとに著者作成。

バリゼーションまではそうだったと思います。社畜と言われるほど会社に従属させられるいっぽうで、会社に勤めてさえいれば年功序列・終身雇用で生活は安定していました。そして、社会保障を削減するために、女性を専業主婦化しておいて保育や育児、介護労働などは女性に任せておけばよい。そういう社会システムで運営されていました。

家さえ失うほどの貧困層の状況

さてここからが最も貧しい層、野宿生活者の話になります。実は、このド貧困層のデータが、いまの社会情勢とピッタリ合うのです。野宿生活者問題というのは、貧困の最先端ですから、20年後は社会全体の問題になる可能性があります。野宿はしてないけれど、つまり家まで失わないが、社会的な支援がなければとても生きていけないという人が、現在たくさん生み出されています。すでに前に述べたように、家賃がすぐに払えなくなるような余力の無い人たちがたくさんいたことが、コロナ禍であぶりだされました。コロナがあったからたまたま見えてきたことですが、余力のない人が多いということは、実は老後破たんがすでに起きていたことの証ともいえます。「働いている限りはなんとかなっていた」という人は、死ぬまで働くことはできないので、働けなくなったとたんに預貯金ゼロですから生活できません。もちろん、年金だけで暮らせる人はごくわずかです。老後破たん目前の人が多くいる、総貧困時代の到来です。

なぜ非正規雇用がこのような実情を生み出したのかを考えるとき、野宿生活者調査がとても参考になります。

野宿に至った理由は、倒産・失業や仕事が減った、病気などで仕事ができなくなったなどの、自分で選んだのではない、非自発的な離職が約7割であることはすでに第3章で細かく述べました。また人生で一番長かった最長職は、半分以上が常勤職であること、正社員で長く勤めてきた60歳を超えている人たちが多いこと、野宿になる直前の職が常勤職であったという人が約4割もいることも、すでに述べたとおりです。

・不安定な住居、老後破たん予備軍

前述のように、私は野宿を経験したことのある人の個人史聞き取りを2000年から20年以上続けているのですが、家賃滞納をしたこともないのに自ら家を出てしまった人がいました。わけを聞くと、「これから払えなくなるだろうから、もしそうなったら大家に申し訳ないと思って大家に頭を下げに行ったら、別にいまは払えているからいいって言われたんだけど、今後払える目処がないからオレ出ちゃったんだよ」と言うのです。このように、真面目な人が野宿になっているという例もあります。

最近相談を受けた例ですが、10月に2カ月家賃滞納になった人のケースです。緊急連絡先でしかない親に電話して、請求書を送るから息子さんの代わりに払ってくださいと要求したそうです。これは、明らかに違法な行為です。名義人以外に家賃を請求してはいけないし、唯一連帯保証人には請求できますが、この親はただの緊急連絡先でしかないのです。家賃を回収したいということで、こうしたひどい保証会社が違法なことでもやってしまうということが始まっているのです。それを真に受けて家を出てしまう人もあらわれ始めるでしょう。

ただ、日本でもリーマンショックの経験があるので、住居確保給付金などを活用して、なんとか家を失わないようにはなっています。不動産屋の中にも家賃を払えない人に住居確保給付金を活用したらというアドバイスをする人が出始めています。

いずれにせよ、いま住居確保給付金を申請している40代、50代の人たちは、これから突然高収入になって老後資金を貯められるという可能性は低いと思います。だとすると、10年後、20年後、働けなくなった時には間違いなく老後破たんする可能性が高いです。

休業補償しない会社

コロナで仕事が休業になっても、休業補償をしない会社がいっぱいあります。

会社というのは、労働者に働く意欲があるのに、その会社の都合で休ませたら、会社は休業補償をしなければいけません。ところが、「うちはパートさんには休業補償をしないんです」「入って3カ月未満の試用期間の人には休業補償をしないことになっています」などと、平気で言う会社が実際にありました。ちなみに試用期間というのは試しに雇用している期間のことですから、雇用関係があることに変わりはありません。また、労働基準法には「労働者」とあり、パートも含めたすべての労働者の権利を保障しています。パートには権利がないとは書いてありません。もちろん、労働基準法に抵触する会社の規則は無効です。

緊急事態宣言は2020年4月7日に宣言が出されたので、タイミングが悪くて、4月1日にやる気満々で転職した人がいます。数日しか働いていない状態で勤務ができなくなってしまったのです。でも、緊急事態宣言は飽くまでも要請ですから、実際に休業にするかは会社側が判断しています。

シフトまで組んで勤務を明示したということは、会社側がいったん出勤命令を出したことになります。それを一方的に取り消すことはできません。本来、会社の都合で休ませるなら、賃金を10割補償するのが当然です。労働基準法第26条「休業手当」には、「使用者の責に帰すべき事由による休業の場合においては、使用者は、休業期間中当該労働者に、その平均賃金の百分の六十以上の手当を支払わなければならない。」と書いてあります。つまり、最低6割は補償しなければならないということです。つまりそれ以下だと違法です。

ただ、6割の補償から社会保険料などの法定福利費は標準算定基礎により通常と同額が控除されるので、受け取れるのは実質半額以下です。20万円ぐらいもらっていた人が12万円もらえると思っていたのがさらに引かれて8万円。ここから食費や光熱費など生活費を払ったら家賃が払えなくなります。こういう構造になっています。

内定取り消しも起きています。私のところにつながってくれた人の何人かは、会社と交渉をして当面の生活保障をしてもらいましたが、まだまだこれからたくさん出るでしょう。大変だと思います。

緊急事態宣言が解除されても、まだ客足が戻っていない飲食業は、9割が非正規雇用に頼っています。その人たちのなかには、シフトには入れず失業状態の人がたくさんいますし、これまでは夜勤を中心に月20日以上働いていたけれど、時短営業のため夜勤はなく、週1のシフトになったという人もいて、宣言解除後も雇用は回復していません。

オリンピック・リバウンドはすぐそこに

もうすぐ、オリンピック・リバウンドどころではなく、大きな不況が来ると言われています。

オリンピック・リバウンドについては、すでに第1章で述べました。莫大な先行投資を回収しようと思っていたオリンピックも、実際、無観客で開催され、海外からの観光客は来ず、ホテルの利用も爆買いも実際には起きませんでした。先行投資を回収できないので、リバウンドはリーマンショック後と同レベルと言う人もいたのに、コロナ禍があり、オリンピック特需もない状況ですから、このリバウンドの大きさは、計り知れないものになります。

大阪万博建設のために、一通りオリンピック開発が終わったので大規模飯場《はんば》は大阪に移るという状況に入ってきています。そうなると、下層労働者は仕事を求めて移動します。そもそも非正規雇用の人は社縁もなく人間関係が貧困で、地縁・血縁もぶった切って流動しなくてはいけない人たちなので、結局、働けなくなったときに社会的に孤立してしまい、野宿の可能性も出てきます。

いま派遣などで働いている若い人たちが今後どうなるか、注視する必要があります。いま、野宿生活者も40代あたりが若干出始めています。若い人たちは野宿をやるような体力も気力もない人たちが多いです。野宿者は増えないかもしれませんが、生活に困る若者は増えていくでしょう。

緊急事態宣言でネットカフェが閉まったときに私が相談を受け、支援に入ったたケースの話をします。その人は、それまでネットカフェに泊っていましたが、ネットカフェが閉まってしまったので、求職のツールとして使っていた携帯電話の充電ができなくなりました。彼らにとって携帯電話は、就活の道具であり、社会との接点でもあり、命綱です。ですからその人は、思わずネットカフェのドアを押したら開いてしまったので中に入って充電しようとしたら、セキュリティが働いていたのでガードマンが来て、不法侵入ということで逮捕されてしまいました。そしてその人は逮捕から起訴まで至りました。

もし人間関係の貧困がなければ、家族が来て、頭を下げて身元を引き受ければ逮捕さえもされないはずです。ところがこの人の場合は、頼りになる親族がいなかったため、私が身元を引き受けることにするので釈放するよう上申しましたが、検察が認めず、起訴されてしまいました。結局、罰金10万円の判決を受け、拘留されていた期間を未決算入で罰金を払ったことにしてもらい、2ヶ月間拘留されてしまいましたが、無事釈放されました。行く場所がないので、ネットカフェに入っただけで、身柄を拘束されてしまったのです。困窮故に犯罪者にされてしまった事例です。

ステイホームで何が

コロナ禍の「ステイホーム」で、社会的孤立が進んだことは明らかです。とくに単身者は危機的です。倒れたときに助けてくれる人がいないので、ケアも受けづらくなります。さらにそのことが社会化されづらい状況にあります。

よく、それならどうやってこの課題を解決すべきなのか質問されます。日本はもうバブル期のような好景気に戻ることはないでしょう。景気ばかりか人間関係もズタズタになったなかで、どうすればいいでしょうか。競争社会の中で、正社員の椅子取りゲームが常に行われ、構造的に椅子に座れないたくさんの失業者を生み出してしまっています。野宿に至るか、そこまでにならなくても老後破たんをする人たちが、予備軍も含めると決して少数ではなくなっています。

そのなかで、立派なすごいことはできなくても、経済的に貧困であっても、豊かに生きる方法はあるのではないかと思います。それは、分かち合うことです。最近言われている「自助」という名の自己責任論とはまったく違うかたちです。

野宿をしている人のなかで1年以上野宿を続けている人が8割以上です。この人たちは困難の中を生き抜いてきた人たちで、つまり非常に生きる力のある人たちです。社会的信用もない、住民票地に住んでいない、安定した家もない、自分の身元を保証してくれる人もいない中で、野宿をしながら、1年以上もの長期にわたって、毎日の糧を何からの手段で得続けて生き抜くことができている人たちですから。この力は、プラスに評価すべきだと思います。

現代社会では孤立化、高齢化、単身化が進んでしまっていますが、20年後はもっと進んでいるでしょう。だからこそ、いまド貧困の野宿生活者に、貧しくてもどうやって生き抜くのか、そのための人間関係をどうやってつくるのかということを学ぶことができると思います。そうでないと、物理的貧困が精神的貧困、つながりの貧困という連鎖にまって、孤立化が進みます。

野宿をしているところを襲撃されたおっちゃんが、襲撃した中学生にラーメンを食べさせてあげた話は前に紹介しました。アルミ缶を集めながら食うや食わずの暮らしをしているおっちゃんが、何かあったかいものでも食ったら、家で寂しい思いをしているその中学生の気持ちも落ち着くだろうと思って、「もうやるなよ」と言って帰してやった話です。

また、私が調査部会長を務めた2004年の「神奈川県ホームレスの就労ニーズに関する実態調査（神奈川県）」では、聞き取りを行った最年少の若者は20歳でした。彼は愛の手帳（知的障害者の手帳）を持っていました。しかし社会保障システムではケアされず、野宿をしていました。でも、野宿場所では若者は廃家電を運ぶ上で大変頼りになります。野宿コミュニティの中で居場所と出番を得て、生き生きと暮らしていました。社会保障制度がケアできていないものを、野宿コミュニティがケアしていたのです。

こういう人間関係の作り方、付き合い方を、総貧困時代のいま、おっちゃんたちに学んでいけるような社会でありたいと思います。

貧困化、単身化、高齢化、孤立化は、もう止まらないと思います。だからこそ、生きづらさを抱えた者たちが、お互いに支えあえる社会は、本当にぬくもりのある社会だと思います。そういう社会の在り方を野宿コミュニティから学びたいと思います。

あとがきに変えて——生存権を保障できない国家で

防衛費を倍増するなら……

これまで述べてきたことで、貧困というのは社会構造から生み出されるもので、貧困の連鎖という言葉からも分かるように、いったん貧困に陥るとなかなかそこから這い上がるのは難しいということは分かってもらえたと思います。

繰り返しになりますが、バブル経済崩壊後のグローバリゼーションによって、単純労働はより安い労働力を求めて海外に工場を移転し、国内の雇用のパイは減少してしまいました。結果、終身雇用制は崩壊し、1999年に派遣法も改正され、非正規雇用が常態化するようになってしまい、現状では非正規雇用労働者が4割を占めるようになっています。非正規雇用で雇用が安定しないということは、いつ家賃が払えなくなってもおかしくないということです。これは貧困と背中合わせであることを意味します。より安い労働力を求める動きは今後も続くと思われますので、非正規雇用の割合も増大する可能性があります。そうなれば、生活困窮者はより増加する可能性が高くなります。

終身雇用制で守られていた時は、生活も安定していたし、年功序列型賃金で、給料も上がっていき、住宅ローンを組むなどしても、生活の展望を作ることがしやすかったのです。しかし、グローバリゼーションが進むにつれて、単純労働は海外に行き、まじめに働くことはできても多能工に働けない者は非正規雇用にしかなれず、生活が安定しないということになってしまいました。かつては単純労働しかできない者も、ライン工といって職人の一種に数えてもらっていたのにです。

アベノミクスのような好景気が来ても、庶民にはその富が分配されないことも第6章で詳しく述べましたが、富が分配されないどころか、各地で子ども食堂やフードバンクなどができる事態になり、衣食住さえままならない家庭がたくさん生み出されています。子ども食堂などは尊い取り組みだとしても、衣食住を国家が保障できないとすれば、生存権という基本的な人権を国家が保障できないということであり、それはもはや国家の体をなしていないと言わざるをえない状況です。

現在は岸田文雄政権になっていますが、当初は「聞く力」を前面に押し出し、「新しい資本主義」を掲げるなど、社会保障の充実にも予算をかけてくれるのではないかと期待しましたが、2023年、防衛費の倍増などを言い出しました。防衛費倍増がマスコミに流れた日に、私はたまたま駅であしなが育英会の子どもたちが寄付金集めを行っているのを見て、防衛費を倍額にできる財源があるのならば、大学の学費を無償化してほしいと思ったものです。現在のように給料が上がらないままであるのならば、せめて医療費や教育関係の費用は無償化し、医療格差や教育格差をなくすべきだと思います。

不安な子育て　増える自殺者

最近、岸田政権は「異次元の少子化対策」を打ち出しましたが、これは単に児童手当を所得に関係なく支給するというもので、貧困ゆえに結婚を躊躇したりしている人たちが安心して結婚し、子どもを育てることを選べる施策にはなっていません。低賃金ゆえに自分一人が生き抜くのに精一杯で結婚することをイメージできない人が、躊躇なく結婚してもいいのだと思えるような思い切った給付策が必要だと思います。また極端にいえば、シングルマザーが安心して子どもを産めるような状況にならない限り、本来的な意味の少子化対策にはならないと思われます。ワンオペ育児（一人で育児をすべてすること）をしなくてはならない人に、安心して子育てができるような支援策がない限り、子どもの数は増えないのではないでしょうか。

報道によれば、長引くコロナ禍不況の中で、自殺者が増えているといいます。今までは男性の自殺者が多かったのが、女性の自殺者も増えているということです。なぜ不況で自殺者が増えるのかということを考えると、私が受けている相談の実感からも、一番目には生活困窮ゆえの自殺というのが浮かびます。それだけでなく、貧困ゆえに家庭内不和が起こり、追い詰められて自殺に至るということも考えられます。つながりがあれば相談する相手もいますが、社会的孤立状態になると相談することもなく、あらゆるつながりもなくなってしまって、死を選ぶしかなくなるのでしょう。特に、コロナ禍で人と会うことが制限されてしまっているので、なおさら、社会的孤立状態になってしまうのでしょう。

加害者の被害者性に着目

また、安倍元首相は旧統一教会で生活破綻をした宗教2世の凶弾に倒れて亡くなりましたが、この安倍元首相を襲った宗教2世も被害者の側面があることを忘れてはなりません。様々なマスコミで取り上げられたことではありますが、襲撃をした人は、生活困窮はもちろんのこと、宗教上の理由からテレビを自由に見られず、情報を得ることもできず、信仰に沿った行動をしないと折檻されるなど、自由にものを考えることも奪われ、そして、相談する相手もいませんでした。旧統一教会は安倍元首相をはじめとする自民党等政界と深い関係をもっており、襲撃をした人は、その安倍元首相を襲撃することをもって、旧統一教会への異議申し立てを行うことしかできませんでした。まさに、彼は生活困窮者であり、社会的に孤立した者であり、信仰の名のもとに様々な自由を奪われ、思考する自由も奪われた者であったことにも着目しなくてはなりません。

流動する下層

最後に、「流動する下層」ということについて書いていきたいと思います。「流動する下層」というのは、古くは「出稼ぎ」のような仕事を求めて都会に出てこざるを得なかった労働者のことです。都会への一極集中の中で、地方都市は過疎化し、コンビニなどのサービス業も町に一つしかないという状況で、地方には労働力を吸収する受け皿はなく、都会に出てこざるを得ない状況になってしまいます。都会に出てくるということは、血縁と地縁をぶった切って、仕事を求めて都会に出るということで、困った時に自分を助けてくれる縁（血縁・地縁）を失うということです。

しかも、非正規雇用は派遣労働という形で拡大しており、ある程度の規模の都市には駅前のオフィスビルに派遣会社が入っており、この派遣会社がかつての寄せ場（日雇い労働者が寄せて集まってくる場所）の役割を果たすことになっています。しかも、派遣で紹介される仕事は肉体労働ばかりではなく、事務労働もあれば、梱包や引っ越しなど様々な仕事があります。しかも、地方から集められた労働力は派遣会社の寮などに住んでおり、自分の労働力を担保として、住みかと日々の糧を得るということにおいては飯場と構造は変わりません。自分名義の家に住んでいない暫定居住という形態なので、何らかの理由で仕事を失うと、仕事と同時に住む場所も失うという形になります。この暫定居住という形式は拡大しており、キャバクラのボーイのように夜間に働かせるために住み込みで労働力を確保するという形になっています。これはキャバ嬢なども同じ構造になっており、シングルマザーが自分が仕事している間は保育もしてくれるので、あえて住み込み型の労働を選ぶという形になってきています。

最近は、家を借りるのにも連帯保証人がいないなどの理由で契約できない人や保証会社の審査が通らない人、緊急連絡先を引き受けてくれる友人さえいない人が増えており、自分の労働力を担保として暫定居住という形式で住む場所と仕事を得る形はますます増大すると思われます。

しかし、このような困窮状態を生き抜いてきた者はダメな人ではありません。まさに、困難の中を生き抜く力を持った人たちだと声を大にして言いたいです。困難の中を生き抜いてきた力は、まさに生き抜くための力として、正当な評価を受けるべきです。被抑圧状態の中では、言語を発することが難しいのです。困窮者たちが声を挙げられないなら、私たち支援者が変わって声を挙げていこうではありませんか。

そして、日雇いとして生き抜いてきた者は日々雇用日々解雇の中で、仕事を得続けてきた者であり、各地を転々として、高速道路を作り、ダム建設を行ってきたスキルは決して否定されるべきものではないでしょう。彼らがいなければ、ランドマークタワーも、みなとみらい地区の造成もなかったのだから。

貧困の中を生き抜いてきた人たちに、この言葉を送りたい。

「あなたは困難の中を生き抜く知恵や力や技を持った者なのだ」と。

生き抜いてきた力が正当に評価される社会が来れば、その時に社会は温もりのある社会に変わるでしょう。そんな日が来ることを願って、筆を置きたいと思います。

当初の刊行予定より大幅に遅れてしまったことをお詫び申し上げます。

2023年3月20日

高沢幸男

【著者】高沢幸男…たかざわ・ゆきお…

1970年生まれ。寿支援者交流会事務局長。生活困窮者の「自立」支援事業をおこなう（一社）インクルージョンネットかながわ代表理事。日本三大寄せ場の一つ、横浜・寿町に1990年より関わり続けている。1992年年末に横浜駅で野宿生活者への暴行事件を目撃したことがきっかけで、野宿生活者の訪問活動や生活相談などに通年で関わるようになる。
NPO法人ホームレス支援全国ネットワーク理事、反貧困ネットワーク神奈川共同代表、寿越冬闘争実行委員会事務局長など。内閣府パーソナルサポートサービス検討委員会構成員、神奈川県ホームレス自立支援実施計画策定会議副座長、かながわ県民活動サポートセンター協議会会長、横浜市ホームレス等総合相談推進懇話会委員、横浜市人権懇話会委員などを歴任。寿支援者交流会は神奈川県弁護士会人権賞受賞（2000年度）。

＊編集協力：岩崎眞美子

貧困《ひんこん》は自《じ》己《こ》責任《せきにん》か

二〇二三年四月二四日　初版第一刷

著　者——高沢幸男
発行者——河野和憲
発行所——株式会社 彩流社
〒101-0051
東京都千代田区神田神保町3-10
大行ビル6階
電話：03-3234-5931
ファックス：03-3234-5932
E-mail：sairyusha@sairyusha.co.jp
印刷——明和印刷株式会社
製本——株式会社村上製本所
編集——出口綾子
装丁——仁川範子

ISBN978-4-7791-7108-6 C0336
http://www.sairyusha.co.jp